Superhéroes y vigilantes.
Ideologías tras la máscara

Alfonso M. Rodríguez de Austria
Giménez de Aragón (ed.)

Superhéroes y vigilantes
ideologías tras la máscara

Textos de Alfonso Rodríguez de Austria; José Joaquín
Rodríguez Moreno; Bianca Sánchez Gutiérrez; Juan
José Vargas Iglesias; Olmo Castrillo Cano y Delicia
Aguado Peláez

DOBLE J

2017

Imagen de portada: Cubierta de All Star Comics, Vol. 1 #36. Agosto, 1947
© de la publicación: Alfonso M. Rodríguez de Austria Giménez de Aragón
© de los capítulos: sus autores

Edita: Editorial Doble J
Avda. Cádiz 4, 1° C
41004 Sevilla, España
ISBN:978-84-96875-68-5
www.editorialdoblej.com

ÍNDICE

Introducción

Alfonso M. Rodríguez de Austria Giménez de Aragón

El contexto del nacimiento

La importancia de la cultura de masas como configuradora de mentalidades, y por tanto, como constructora de sociedades, es actualmente un hecho asumido dentro de la academia. Tal vez el primer paso en este sentido fuera el trabajo del semiólogo francés Roland Barthes en la revista *Les Lettres Nouvelles,* un conjunto de ensayos sobre la cultura contemporánea donde se analizaba entre otros temas la forma en que la publicidad crea una mitología moderna. Los ensayos fueron recogidos y publicados en formato libro en 1957, con el título precisamente de *Mitologías.* 1957 es también el año en que Vance Packard publicó *Los persuasores ocultos* (o *Las formas ocultas de la propaganda*), poniendo el foco en la influencia social de la publicidad y en algunas de las técnicas utilizadas para fomentar el consumo. Pocos años después, en el libro *Apocalípticos e integrados* (1964), Umberto Eco puso sobre la mesa el debate sobre el estatus de la cultura de masas en el contexto de la cultura general, haciéndose eco desde el título del libro del enfrentamiento entre quienes rechazaban la cultura de masas desde la atalaya de la alta cultura y quienes acogían los nuevos productos culturales desde una perspectiva más amigable. La perspectiva de Eco en varios de los ensayos que contiene el libro sobrepasaba el ámbito de una nueva *querelle* estética y cultural y se asentaba en la influencia que esta nueva cultura de masas ejercía sobre el conjunto de la sociedad. No en vano los ensayos más celebrados, o al menos los más citados, son aquellos en los que el autor lleva a cabo un análisis del mensaje contenido en cómics protagonizados por el aventurero Steve Canyon y por el primer superhéroe, Superman.

Superman, el primer y más poderoso de todos los superhéroes, nació en abril de 1938, en el contexto regional de un país que llevaba diez años de crisis económica y social, y en el contexto global de una guerra mundial cada vez más inminente. Superman era protagonista de la serie *Action Comics*, y si bien durante sus dos primeros años actuaba como el campeón del «New Deal» del presidente Franklin D. Roosevelt, defendiendo al pueblo llano de los desmanes de los ricos y poderosos, en seguida fue llamado a filas por el gobierno, para acabar lanzando un *punch* a la cara del mismísimo Adolf Hitler.

Batman nació un año después, en mayo de 1939, protagonizando la serie *Detective Comics*, y si bien durante sus primeros años se dedicó a resolver misterios y crímenes en el contexto social estadounidense ayudado de sus dotes detectivescas, en 1943 saltó a la gran pantalla en un serial de quince capítulos para enfrentarse al malvado príncipe Daka, un científico al servicio del Imperio Japonés, líder de «La Liga del Nuevo Orden», que quiere someter a Estados Unidos y convertirla en una provincia de Japón.

Poco antes, a finales de 1941, coincidiendo con la entrada de Estados Unidos en la contienda mundial, había nacido el otro gran superhéroe de DC Comics, una mujer: Wonder Woman. Para que no quedase duda de a quién representaba, la mujer Maravilla, como Superman, vestía con los colores de la bandera estadounidense según petición expresa de su creador, William Moulton Marston, como veremos en el capítulo de Bianca Sánchez Gutiérrez dedicado al personaje.

El contexto del nacimiento de los primeros superhéroes de cómic, que enseguida pasaron a la gran pantalla, es entonces el de los últimos años del ascenso meteórico de una nación poderosa a primera potencia mundial. La mitología fundacional de «los primeros padres» (el excepcionalismo, su comunión con Dios, y su «destino manifiesto» como faro, guardián y cúspide de la civilización) se veía reflejada en estos personajes.

Los superhéroes nacieron con una clara vocación pedagógica y propagandística. Eran personajes politizados y diseñados como modelos de pensamiento y comportamiento a seguir por la infancia y juventud estadounidense.

> Los superhéroes no son sólo un cliché de la cultura popular. Han sido desde el principio una figura central de la moderna mitología norteamericana. Y con «mitología» no me refiero a historias inventadas si no a historias cuya «función es expresar valores sociales, normas de comportamiento, y/o las consecuencias de desviarse de estas normas» (Reynolds, 2014: 36, citando a Harris & Platzner, *Classical Mythology: Images and Insights*).

Si bien desde el punto de vista del contenido los superhéroes contemporáneos no parecen más que un remedo plano y simplón de la complejidad de los habitantes del Olimpo, su función social es muy similar: como el resto de dioses y héroes, responden y proponen. Responden a preguntas fundamentales sobre el origen, sobre el sentido y sobre el destino. Y proponen modelos de pensamiento y de conducta.

> Es evidente que cada uno de estos personajes es profundamente bueno, moral, subordinado a las leyes naturales y civiles, por lo que es legítimo (y hermoso)

que emplee sus poderes con fines benéficos. En este sentido, el mensaje pedagógico de estas historias sería, por lo menos a nivel de la literatura infantil, altamente aceptable, y los mismos episodios de violencia de que están sembrados varios de los episodios, tendrían una finalidad en dicha reprobación final del mal y el triunfo de los buenos. (Es preciso observar que cada uno de estos súper–héroes evita la sangre y la violencia: Batman y Green Arrow, que son seres humanos, no pueden dejar de golpear con saña a sus adversarios, pero de todas formas nunca los hieren: como mucho, el malvado perece en un trágico accidente, cuyo responsable remoto es él mismo). La ambigüedad de la enseñanza aparece, sin embargo, en el momento en que nos preguntamos qué es el bien (Eco, 2006: 254).

Umberto Eco, como muchos pensadores y pensadoras antes que él, lo tenía muy claro: el bien es lo que los poderes digan que es.

Hay que esperar hasta comienzo de los años 60 para ver el nacimiento del tercer gran superhéroe masculino en términos de éxito de ventas, que conectó con un público adolescente que deseaba verse representado como el personaje principal y no como un mero ayudante. El papel secundario de Robin como acompañante de Batman no les satisfacía plenamente (y menos en la década de los 60) y la llegada de Spider–Man, un adolescente con problemas de adolescente, arrasó. Con Spider–Man llegaron los X–Men y la miríada de superhéroes y vigilantes de Marvel se unió a la legión de personajes de DC Comics, componiendo un panorama de sucesivas eras distinguibles por las novedades narrativas, el éxito de ventas y la creatividad de sus autores y autoras.

En retrospectiva, no es difícil encontrar reflejada en la historia de los superhéroes la historia contemporánea de Estados Unidos y por ende la de Occidente, así como algunos de sus conflictos ideológicos. Desde su nacimiento durante un conflicto bélico (la Segunda Guerra Mundial) hasta su renacimiento durante la Guerra contra el Terror con la que comenzó históricamente el siglo XXI. Pasando por su pérdida de presencia en favor de la ciencia ficción que encubría el temor a una guerra nuclear durante los años de la Guerra Fría, por la modernización de narrativa y personajes y el estallido del conflicto generacional durante las décadas de los sesenta y los primeros setenta, o por la reacción de las fuerzas culturales conservadoras durante los años setenta y ochenta, con sus nuevos héroes hipermasculinizados y ultraviolentos (como veremos en el capítulo de José Joaquín Rodríguez Moreno).

El año que Umberto Eco publicó *Apocalípticos e integrados*, 1964, fue el mismo que Richard Hoggart fundó el Centro de Estudios Culturales Contemporáneos en Birmingham, Reino Unido. Hubo que esperar casi treinta años para que los *comic books* de superhéroes volvieran a ser objeto de estudios académicos serios y de cierta entidad. La fecha coincide con el repunte de una figura oscura y atormentada llevada a la gran pantalla como el mayor éxito de taquilla hasta el momento: *Batman*, de Tim Burton. La película fue estrenada en 1989 y dos años después apareció el libro *The Many Lives of The Batman. Critical Approaches to a Superhero and his Media*, editado por Roberta E. Pearson y William Uricchio. *Batman*, que había recaudado el mismo dinero en entradas que las tres primeras películas de Superman juntas, conquistó la academia con un texto que sigue siendo fundamental para entender, más que al personaje (que ha cambiado mucho desde entonces), la perspectiva de estudio. En 1992 Burton repitió con el personaje en *Batman Returns*, consiguiendo menos éxito en taquilla pero tal vez una película más interesante que la anterior.

Batman posee varias características destacables. En primer lugar es, en mi oponión, la primera película de superhéroes para público adulto de la historia del cine. En segundo lugar estaba dirigida por un director serio y consagrado, con estilo propio y estatus de artista (algo que la industria de Hollywood no otorga fácilmente), pero además un artista con éxitos de taquilla (Tim Burton es un predecesor de Christopher Nolan en este sentido). Y en tercer lugar el Batman de Burton era un personaje culturalmente fronterizo, que en cierto modo cierra el conflicto generacional sufrido por Estados Unidos desde los años 50 (véase la película *Rebel Without a Cause*, Nicholas Ray, 1955 y el análisis sobre la misma que lleva a cabo Peter Biskind, 2001), interpretado y representado por el conservadurismo ideológico del país como una revuelta del niñatos, drogadictos, vagos, maleantes y degenerados que amenazaban el poder imperante por su falta de reglas y el exceso de libertad en el que habían sido educados.

En 1989 Batman hace su primera aparición dando el castigo que se merecen a dos ladrones drogadictos, para dedicarse en adelante a otros menesteres más estimulantes, como enfrentarse a su archienemigo el Joker. En 1992 nuestro vigilante se dedica a luchar contra un siniestro personaje que se hace con el poder político en Gotham ganando unas elecciones democráticas tras infundir el miedo y propagar la inseguridad entre la población. Parece que los yonkis, vagos, maleantes y psicópatas habían pasado a ser un problema menor, y el verdadero reto se encontraba ahora en desenmascarar a las oscuras fuerzas económicas y políticas que llegaban a atentar contra su propia ciudad para desestabilizarla y hacerse con el poder en unas elecciones.

Los años 90 no fueron una buena década para los superhéroes y vigilantes cinematográficos, aunque la televisión y los cómics mantuvieran un estatus más digno en la calidad y rentabilidad de sus producciones. Desde el punto de vista académico el texto en mi opinión más reseñable es *Super Heroes. A Modern Mythology* (1992), donde Richard Reynolds continúa la senda del análisis del mensaje inaugura por Barthes y Eco. A pesar de un estilo excesivamente lacónico en ocasiones (según mi humilde parecer), el libro de Reynolds se ha convertido en canónico para muchos autores y autoras posteriores, y además viene enmarcado en una colección dedicada a los estudios culturales, por lo cual su función dignificadora de los estudios académicos sobre cultura popular en general y sobre super-héroes en particular es innegable.

El contexto del renacimiento

Pero tras la *Pax Americana* del presidente Bill Clinton (1993–2001) llegó la nueva tormenta con el atentado del 11 de septiembre de 2001 (sólo comparable al ataque a Pearl Harbor en 1941 que provo-có la entrada de Estados Unidos en la Segunda Guerra Mundial) y la Guerra contra el Terror que trajo consigo, auspiciada por George W. Bush y diseñada en un plan político y militar para devolver al país a su antiguo esplendor y a su posición de hegemonía incontestable. El plan, contenido en un documento de estrategia de seguridad nacional llamado «Rebuilding America's Defenses», elaborado por el *Think Tank* «Project for the New American Century», contenía en esencia la «doctrina Wolfowitz» sobre la dominación mundial de Estados Unidos y las necesidades de aumentar el gasto en arma-mento, de hacerse con el petróleo del Golfo Pérsico y de evitar que surgiese un posible rival militar o económico que amenazase su hegemonía.

«Rebuilding America›s Defenses» proponía, en el año 2000, un aumento del gasto en armamento de cien mil millones de dólares (100 billion dolars), negar el uso del espacio exterior a otras nacio-nes, adoptar una política exterior más agresiva y unilateral, actuar de forma preventiva antes del surgimiento de las posibles «crisis», o la eliminación de estados como Irak. Estas medidas serían cier-tamente contrarias a la opinión pública estadounidense, afirmaba el documento: «el proceso […] de cambio revolucionario será probablemente muy largo […] en ausencia de un acontecimiento catastrófico y catalizador, como un Nuevo Pearl Harbor» (*Rebuilding America's Defenses: Strategy, Forces and Resources for a New Century*: 51).

El acontecimiento catastrófico y catalizador sirvió en efecto para justificar invasiones, implementar medidas represivas, aumentar la capacidad de vigilancia de las agencias del gobierno, etc. Eran momentos de sentimiento y patriotismo (la ley que engloba muchas de estas medidas se llamó precisamente *Patriot Act*), de héroes (y también de superhéroes y de vigilantes).

El 11 de noviembre de 2001 la administración Bush convocó a alrededor cuarenta de los más altos ejecutivos de los medios de comunicación y creación de contenidos culturales del país, que se reunieron con Karl Rove, consejero del presidente.

> Almost all the major studios, TV networks and unions were represented, as well as Hollywood's overarching trade association, the Motion Picture Association of America (MPAA) –which has since its early days referred to itself as «a little state department». Rove outlined several themes ha wanted Hollywood to publicise: the US campaign in Afghanistan is a war against terrorism, not Islam; people can «serve in the war effort... in their communities»; US troops and families should be supported; 9/11 requires a global response; this is a «fight against evil» and government and Hollywood are responsible for reassuring children of their safety. Employing exemplary double think, Rove made his request whilst insisting that «content (of films) was off the table». There was supposedly to be «no propaganda» (Alford, 2010: 14).

Junto con los mensajes que debían publicitar, Rove daría indicaciones sobre los contenidos que se debían evitar para no minar más la moral de la población estadounidense. Canciones que no debían reproducirse, películas que no debían reponerse en televisión, y estrenos que tuvieron que esperar hasta un momento emocional más adecuado.

La película *Spider-Man*, dirigida por Sam Raimi antes del atentado, fue uno de los títulos que debieron retocarse (eliminando las imágenes de las Torres Gemelas, obviamente muy presentes en el skyline de Nueva York por el que se pasea el hombre araña) y esperar. *Spider-Man* es una película bastante ligera y muy patriota, pero se consideró que el hecho de ver edificios destruidos en el centro de Nueva York podía provocar reacciones emocionales adversas.

Tras el luto llegó el resurgir. Poco a poco el tema del atentado empezó a ser tratado, de una forma directa en los cómics (véase por ejemplo *The Amazing Spiderman #36*, donde el malvado Doctor Muerte visita la Zona Cero de Nueva York y llega a llorar lamentándose de la muerte de inocentes), y de forma más indirecta y simbólica en el cine (*The Punisher*, Jonathan Hensleigh, 2004; *Batman Begins*, Christopher Nolan, 2005; *Superman Returns*, Bryan Singer, 2006; *The Dark Knight*, C. Nolan 2008; *The Dark Knight Rises*, C. Nolan, 2012).

La profusión de producciones con superhéroes, superheroínas y vigilantes como protagonistas, muy acorde con el momento social, vino, esta vez sí, acompañada de una profusión de trabajos académicos que analiza la importancia simbólica y la influencia social de estos productos, señalando enemigos, curando heridas, reescribiendo el pasado, advirtiendo sobre la necesidad de mayor vigilancia en el futuro, etc. Algunos de estos títulos son *Batman Unmasked: Analyzing a Cultural Icon*, Will Broker, 2001; *Batman Unauthorized: Vigilantes, Jokers, and Heroes in Gotham City*, editado por A. J. Porter en 2008; *Reframing 9/11: Film, Popular Culture and the War on Terror*, editado por Jeff Birkenstein, Anna Froula y Karen Randell en 2010; *War, Politics and Superheroes. Ethics and Propaganda in Comics and Film*, Marc Dipaolo, 2011; *Capitalist Superheroes: Caped Crusaders in the Neoliberal Age*, Dan Hassler-Forest, 2012; o *Hunting the Dark Knight. Twenty-First Century Batman*, Will Brooker, 2012.

El interés por este tipo de personajes, y especialmente por el Batman que Christopher Nolan ha llevado a la gran pantalla, ha estado presente y ha generado intensos debates en revistas académicas especializadas como *Jump Cut* y *Film Quarterly*. Resulta también interesante que el análisis crítico y político de estos productos culturales haya ocupado páginas de revistas más especializadas en política que en comunicación (véase «Dictadura del proletariado en Gotham City», de Slavoj Žižek, publicado en su versión en castellano en *El Viejo Topo*, 297). Resulta por otra parte ya bastante común en estos últimos años que los periódicos estadounidenses recojan artículos sobre la relación entre el cine y la política, y que comparen a los protagonistas con distintos políticos, como al caballero oscuro de Christopher Nolan con George W. Bush («What Bush and Batman Have in Common», *Wall Street Journal*, 25 de julio de 2008) o al supervillano Bane con Donald Trump («Donald Trump's Inauguration Speech Borrows Line from Batman Villain Bane», *The Hollywood Reporter*, 20 de enero de 2017). Will Brooker nos ofrece algunos datos al respecto:

> De las 44 críticas de *The Dark Knight* que examino en este estudio, 22 se refieren a las implicaciones políticas de la película, yendo desde las identificaciones directas y la discusión detallada del imaginario y los temas relacionados con el 11–S y la consecuente guerra contra el terror, hasta el apunte superficial de que la película describe al Joker como a un terrorista. Más ampliamente, una búsqueda en línea de *The Dark Knight* incluyendo palabras clave como Bush, Obama y 11–S, da como resultado 62 artículos y noticias, incluyendo extensos análisis de los temas políticos presentes en la película, y algunos inesperados spin–offs no oficiales, como las imágenes de un jokerizado Barack Obama (Brooker, 2012: 199–200).

El sendero inaugurado por Umberto Eco en 1964, angosto en cuanto que el autor se veía obligado a defender su atención a la cultura de masas y su estudio de la misma, se fue ensanchando hasta llegar al valle en que nos encontramos, en el que una figura de ficción es analizada ideológica y políticamente por una representación transversal de los sectores sociales dedicados a la cultura y a la comunicación. Desde los y las representantes de la alta cultura y la academia, a quienes apenas les tiembla ya la mano cuando escriben en el mismo párrafo «Karl Marx» y «Bruce Wayne», o «Michel Foucault» y «Watchmen», hasta «youtubers» que cortan, pegan, superponen y componen análisis ideológicos multimedia de varios minutos de duración, pasando como hemos visto por revistas y diarios de primera línea especializados y no especializados.

El presente libro se compone de seis estudios de fondo y soporte académico pero con vocación divulgadora. No divulgadora de las figuras de superhéroes, superheroínas y vigilantes, que no les hace falta, sino de medios y métodos para hacer una lectura crítica de los mismos, para mirar detrás del antifaz, debajo de la capa.

Contenido del libro

El primer capítulo del libro está dedicado a intentar desentrañar las ideologías concretas encarnadas o representadas por los distintos superhéroes y los vigilantes en las aventuras que protagonizan.

Si bien desde el punto de vista económico el *statu quo* aparenta ser un bloque denso y férreo, no sucede lo mismo si lo analizamos desde un punto de vista más ideológico o político. El bloque nos aparece ahora compuesto por distintas corrientes y modos de pensar que luchan entre sí por alcanzar y mantener la hegemonía ideológica y el poder fáctico. Encontraremos superhéroes conservadores (o republicanos, en el contexto político estadounidense), superhéroes más cercanos al fascismo y otros que representan las ideas más o menos progresistas del Partido Demócrata. Incluso es posible que encontremos, si buscamos bien, vigilantes o superheroínas que en algún momento de su carrera han aprovechado las grietas en la hegemonía y han levantado su voz y sus puños contra el *statu quo*. Intentaremos desentrañar las ideologías representadas por Superman en *Superman Returns* (Bryan Singer, 2006) y *Man of Steel* (Zack Snyder, 2013), por Spider–Man en la trilogía *Spider–Man* de Sam Raimi (2002, 2004 y 2007), y por Batman en la trilogía *The Dark Knight* de Christopher Nolan (2005, 2008 y 2012) a través de un test de 20 preguntas sobre cuestiones como la toma de decisiones, la ética, la naturaleza humana o el multiculturalismo.

El segundo capítulo, de José Joaquín Rodríguez Moreno, está dedicado a analizar las relaciones entre la violencia real y la violencia representada en los cómics estadounidenses de superhéroes y vigilantes durante los años 80. El autor expone las causas sociales y las transformaciones en la industria del cómic que llevaron a ésta a adoptar el modelo de héroe violento e hipermasculinizado que triunfó también en las pantallas de cine durante esos años.

Bianca Sánchez Gutiérrez centra su estudio en la representación de la figura de Wonder Woman que lleva a cabo la directora Patty Jenkins en la película homónima estrenada en 2017. ¿Puede considerarse al personaje una representación medianamente fiel del movimiento feminista? Tras enmarcar la figura de Wonder Woman y las sucesivas etapas por las que ha pasado en la historia del movimiento y las reivindicaciones feministas, la autora pone en juego el concepto de *femvertising*, la venta del feminismo como un producto de consumo, en el que contextualiza la película.

Juan J. Vargas Iglesias analiza los dispositivos de vigilancia y castigo en la famosa obra de Alan Moore *Watchmen*. «Quis custodiet quos puniunt?», ¿quién vigila a quienes castigan?, se pregunta el autor, parafraseando el «Quis custodiet ipsos custodes?» (¿Quién vigila a los vigilantes?) de Juvenal. La evolución de la figura del héroe y la aparición y el éxito de los antihéroes durante los años 80 del pasado siglo evidencia la pertinencia de una pregunta que poco tiempo antes hubiera parecido sin sentido. La «humanización» de los superhéroes y vigilantes que llevara a cabo la editorial Marvel tuvo como desarrollo lógico el nacimiento de personajes con grandes poderes y «humanos, demasiado humanos», superhombres que seguían su propio criterio moral, en conflicto frecuentemente con el de los simples mortales. *Watchmen*, obra analizada por Vargas Iglesias, es el mejor exponente de esta tendencia que cuestiona la bondad de quienes detentan el poder.

Olmo Castrillo Cano se adentra en la esquizofrenia videolúdica del videojuego *Dishonored*, un universo en el que la libertad de elección permite configurar nuestra propia moral a través de las acciones del personaje que encarnamos. El autor analiza los elementos lúdicos y narrativos del juego para detectar posibles guías semiocultas que canalicen su desarrollo hacia una ideología determinada. En el marco narrativo de crítica social que establece *Dishonored*, se premia el comportamiento más ético, no violento y cauteloso. Sin embargo, estas elecciones perjudican la experiencia de juego, privando de ciertos contenidos a los jugadores que se comporten de esta forma.

Finalmente, Delicia Aguado Peláez estudia el caso de la (anti) heroína Jessica Jones en la serie de televisión que lleva su nombre. El estilo *noir*, con una superpoderosa detective malhablada, descarada, desencantada y aficionada a la bebida y al sexo como válvula de escape de las tensiones acumuladas, sirve como plataforma para la exposición de temas reales, candentes y dolorosos, muy alejados del maniqueo universo habitual de los superhéroes. Aguado Peláez nos describe un cóctel que incluye ingredientes como la violencia de género y las consecuencias para las mujeres que la han sufrido, el aborto, el lesbianismo, o la solidaridad y el apoyo mutuo entre mujeres que, en este caso, sí son activas protagonistas de su historia.

I. Por qué Spider–Man vota al Partido Demócrata y Batman ni siquiera es demócrata: Criterio de adscripción ideológica para superhéroes

Alfonso M. Rodríguez de Austria Giménez de Aragón

Introducción

Es una opinión generalizada dentro de la academia que las actividades de los superhéroes, superheroínas y vigilantes pueden enmarcarse en una defensa a ultranza del *statu quo*. Esta es la postura defendida por Boichel (1991: 7), Pearson y Uricchio (1991: 203), Reynolds (2014: 16) y un largo etcétera. Aunque también es probable que recordemos algún personaje que se salga del estereotipo, a veces con cierta razón, a veces sólo aparentemente, pensemos por ejemplo en la serie de televisión *Batman* (ABC, William Dozier, 1966–68) o en las superheroínas Wonder Woman y Jessica Jones, protagonistas de sendos capítulos en este libro.

Dentro (y fuera) del *statu quo* existen distintas corrientes ideológicas y políticas que se enfrentan entre sí por alcanzar mayores cotas de poder. Por ejemplo, aunque el basamento económico de los partidos Republicano y Demócrata estadounidenses suele ser el mismo (es decir que están financiados en gran parte por las mismas corporaciones), existen diferencias más o menos acusadas en el terreno ideológico y el pensamiento social. Esta pugna ideológica da lugar a una especie de guerra fría cultural en la que cada partido o cada corriente favorece y promueve las producciones culturales que considera afines ideológicamente. Las figuras de los superhéroes y los vigilantes, que nacieron con funciones pedagógicas, ideológicas y propagandísticas, no pueden ser ajenos a esta pugna. De hecho son un elemento central de la misma.

Atendiendo a este conflicto cultural, Marc DiPaolo se pregunta en su libro *War, Politics and Superheroes: Ethics and Propaganda in Comics and Films*: «Are Superheroes Republicans?» (2011: 11–48). Incluso más habitual que la pregunta de DiPaolo (podemos comprobarlo en los foros de fans) es preguntarse si todos los superhéroes son fascistas. Respondiendo a la misma, McGowan (2009), cita el libro de Giorgio Agamben *State of Exception* (1998) para concluir que los superhéroes son la encarnación del estado de excepción, y por ello uno de los pasos hacia el fascismo.

> The state of exception, for Agamben, is the path by which democracy falls into fascism. The exception becomes confounded with the rule and soon takes its place. From that point forward, a total authority emerges who exercises control over the people with their own security as this authority's justification. Because the heroic exception is written into the generic requirements, the superhero film exists within this political context.

¿Republicanos, fascistas, tal vez anarquistas como Guy Fakes en *V de Vendetta* o el personaje Anarky de Batman? La pregunta que nos hacemos en este capítulo es: ¿Qué valores políticos e ideológicos representa tal o cual superhéroe? ¿Cómo intentar desvelarlos más allá de la intuición o de lo que parece evidente a simple vista?

Proponemos un test de veinte ítems para responder a estas preguntas. Un test que ha sido elaborado para desentrañar la corriente ideológica a la que pertenecen películas estadounidenses protagonizadas por héroes o heroínas. Lo he elaborado pensando principalmente en superhéroes y vigilantes, y se lo aplico a varias películas del siglo XXI: *Superman Returns* (Bryan Singer, 2006) y *Man of Steel* (Zack Snyder, 2013), la trilogía *Spider–Man* de Sam Raimi y la trilogía *The Dark Knight* de Christopher Nolan. La principal razón de haber escogido estas películas es su coherencia interna, aunque la aplicación del test a todo el recorrido cinematográfico de un personaje puede dar una idea de su evolución ideológica, y de la relación que esta tiene con la historia y el ambiente cultural de un país o una región.

Los cimientos del test

Para descubrir la ideología que representan los personajes de ficción no hay mejor medio que analizar sus palabras, sus ideas, su vida y sus acciones. (Es decir, el mismo procedimiento que en la vida real). También conviene analizar las ideas, vidas y comportamiento de sus amigos y enemigos, junto con otros aspectos del producto cultural en el que están insertados estos personajes.

> To understand ideology of films, it is essential to ask who lives happily ever after and who dies, who falls ill and who recovers, who strikes it rich and who loses everything, who benefits and who pays —and why (Biskind, 2001: 3).

A la hora de elaborar el criterio de adscripción ideológica me he basado principalmente en las ideas de Peter Biskind y Robert B. Ray, aunque también han sido fuentes de inspiración Douglas Kellner, Michael Ryan y Robin Wood, por citar sólo algunos nombres.

En el libro *Seeing is Believing, or How Hollywood Taught Us to Stop Worrying and Love the 50s* (2001), Peter Biskind formula un criterio para adscribir a las distintas tendencia políticas una serie de películas estadounidenses de los años 50, especialmente de ciencia ficción, un género extremadamente ideologizado y politizado (Montes de Oca, 1996).

Biskind establece un abanico político con cuatro posibilidades: «left wing, corporate liberals, conservatives y right wing» (ala izquierda, liberales corporativos, conservadores y ala derecha). Las alas o extremos derecho e izquierdo compondrían el sector radical, mientras que liberales y conservadores compondrían el centro. (Como veremos, el sentido de la palabra «liberal» en el contexto sociopolítico estadounidense es distinto al que tiene en España y otros países. A grandes rasgos, el liberal estadounidense está generalmente representado por el Partido Demócrata y es cercano a lo que en Europa se conoce como socialdemocracia. Utilizamos aquí el término en el sentido que se le da en Estados Unidos).

Como afirma el profesor Kellner:

> There may, of course, be more than two opposing political positions, but in mainstream corporate media and entertainment it is roughly a contrast between liberal and conservative discourses, although more radicals discourses may emerge and there are frequently levels of contradiction and ambiguity (2010: 18).

Por otra parte, en el libro *A Certain Tendency in Hollywood Cinema* (1985), Robert B. Ray analiza la relación entre los valores personales y la ideología de los protagonistas de las películas de Hollywood (especialmente del género Western).

> The movies traded on one opposition in particular, American culture's traditional dichotomy of individual

and community that had generated the most significant
pair of competing myths: the outlaw hero and the offi-
cial hero (Ray, 1985: 59).

Según Biskind, los políticos liberales y conservadores llegaron a
un consenso cerrando filas en torno a lo que consideraron como
una ideología adecuada para los habitantes del país, dejando fuera
del consenso a las ideologías radicales o extremistas, es decir todas
aquellas que se alejaban del «centro» que ellos mismos había de-
finido como tal. Pero el consenso no estaba exento de las luchas
internas, luchas que se trasladaban a los contenidos del medio de
comunicación más popular en aquellos años: el cine. Así que el cine
se convirtió en un campo de batalla cultural por lograr la representación de la preeminencia de una ideología sobre otra. Los héroes tenían que representar los valores de sus partidos políticos. Los héroes
(y los superhéroes) *tenían* que parecerse a sus políticos.

¿Cómo podemos saber si una película de los años 50 era de fi-
liación liberal, conservadora, «left wing», o «right wing»? Biskind
atiende en su análisis a varios elementos, que resumo en cuatro
puntos:

1. ¿Quién manda aquí? ¿Quién manda y quién obedece cuando
existe rivalidad entre «docs & cops»?

¿Quién dicta las órdenes y quién las obedece? Si es el policía quien
manda, la película muy probablemente sea de ideología conservadora, si es el científico, será liberal. La principal diferencia entre ambos
personajes estriba en la forma que cada uno tiene de resolver los
conflictos que componen el eje central de la película. Mientras que el
policía fuerza u obliga, el científico convence o persuade. Uno posee
la autoridad de la fuerza, el instinto y la experiencia, el otro la de la
razón y el conocimiento.

Algunas películas liberales sobre el consenso liberal–conservador son:

12 Angry Men (Sidney Lumet, 1957), para Biskind, esta película es de hecho una escenificación del consenso liderado por el personaje liberal (Henry Fonda), que convence primero al personaje conservador (E. G. Marshall), y acaba sometiendo al personaje extremista (Lee. J. Cobb). «*12 Angry Men* is more interested in consensus than in justice» (2001: 20).

Panic in the Streets (Elia Kazan, 1950), es una película de consenso en la cual el personaje liberal, un médico de la Armada, se lleva el gato al agua tras una disputa por el poder con el capitán de la policía local. Este acaba ayudando al doctor a evitar una pandemia.

Algunas películas conservadoras sobre el consenso liberal–conservador son:

My Darling Clementine (John Ford, 1946) es una película de consenso (aunque roza la extrema derecha) en la que la disputa por el poder entre Doc Hollyday y Wyatt Earp se salda esta vez con el triunfo del sheriff, que recaba el apoyo del doctor para su causa.

Otros títulos de esta tendencia son *Fort Apache* (John Ford, 1948), *The Man Who Shot Liberty Valance* (John Ford, 1962) y *Flying Leathernecks* (Nicholas Ray, 1951).

En las películas de extrema derecha los «docs» suelen ser abogados o jueces que dejan escapar a los malvados por defectos de forma o triquiñuelas legales, o, efectivamente, médicos psiquiatras que certifican una enfermedad mental y por tanto una falta de responsabilidad penal del criminal de turno. Dentro de nuestro objeto de estudio es por ejemplo el caso de *Batman Begins*.

En las películas de extrema izquierda los «cops» suelen ser psicópatas motivados más por sus carencias emocionales que por el deseo de justicia, como en el caso de *Bonnie & Clyde* (Arthur Penn, 1967).

2. ¿Cuál es la principal amenaza?

En las películas de extraterrestres, un subgénero directamente ligado con la amenaza, esta cuestión es fundamental. Generalmente, cuando la amenaza proviene totalmente o en parte de los extraterrestres, la película será de ideología conservadora o de ultraderecha (*The Thing from Another World*, Christian Nyby, 1951; *Them!*, Gordon Douglas, 1954; *Invasion of the Body Snatchers*, Don Siegel, 1956).

En *The Thing from Another World* el verdadero enemigo es el científico, que cegado por su ansia de conocimiento (de estudiar una forma de vida extraterrestre) valora la vida del monstruo sobre la del resto del grupo. Aquí se rompe claramente el consenso liberal–conservador, porque el personaje liberal (el científico) defiende al extremista (el monstruo que evoca la amenaza comunista). *The Thing* es una maravillosa y compleja película, podríamos decir que conservadora en algunos aspectos y progresista en otros: no es individualista y el papel de la mujer es relativamente activo.

Cuando la amenaza la encarnan pueblerinos con falta de sensibilidad y cosmopolitismo, la película será de ideología liberal y los pueblerinos representarán la mentalidad del Partido Republicano (*Superman and the Mole Men*, Lee Sholem, 1951; *It Came From Outer Space*, Jack Arnold, 1953). En *Superman II* (Richard Donner y Richard Lester, 1980) nuestro héroe se enfrenta a la amenaza comunista encarnada el general Zod, pero no deja de dar su merecido al camionero pueblerino y maleducado que le había dado una paliza (en una escena muy cuidada, por cierto) cuando no tenía sus poderes. En otras palabras, el liberal Superman *reparte* hacia los dos lados.

Finalmente, cuando los extraterrestres son los buenos y la amenaza llega desde la atrasada sociedad humana (exceptuando a unas pocas personas, generalmente un científico viejo y su bella, joven y sensible hija, sobrina o secretaria), la película será de extrema izquierda. En *The Day the Earth Stood Still* (Robert Wise, 1951) el extraterrestre no es una amenaza sino un ser más desarrollado que viene a traer la paz a la tierra. El extraterrestre se alía con un viejo científico, el profesor Jacob Barnhardt, que es el único que parece entender sus planteamientos. Por otra parte, el personaje conservador e individualista es el tonto Tom Stephens, que provoca el desastre con su intervención, traicionado la confianza del protagonista venido del espacio exterior, Klaatu, y la de su propia novia, Helen, que lo abandona por ello.

It Come From Outer Space parece una película de ideología conservadora pero gradualmente se va convirtiendo en una progresista, al tiempo que vamos descubriendo que los extraterrestres que toman la apariencia de los habitantes del lugar sólo quieren reparar su platillo volante, y en ningún momento hacen daño a nadie.

3. ¿Dónde reside el poder benéfico que acaba con la amenaza? Más concretamente, ¿en qué instancia del poder institucional?

La tendencia conservadora es que sea el poder local (generalmente la policía) quien triunfe sobre la amenaza extraterrestre. La tendencia liberal es que sea un poder estatal (policía federal o ejército) quien sepa qué es lo que hay que hacer, y quien acabe destruyendo la fuente de la amenaza. *Panic in the Streets* (Elia Kazan, 1950).

4. ¿Es más efectivo el individualismo o el trabajo en equipo? ¿Quién resuelve el problema: un individuo o un grupo?

Los conservadores son individualistas y confían ciegamente en un instinto que nunca les engaña. Los liberales trabajan en equipo y confían en los conocimientos y las cualidades aportadas por el grupo y por las instituciones. El paradigma de héroe individualista y conservador nos lo da desde luego el género Western.

Como corolario de cada posicionamiento, el contrario suele aparecer retratado como inútil e inoperativo. En las películas del ala izquierda el poder local es más un entorpecimiento que una ayuda, y en las películas del ala derecha el poder estatal (los doctores, los militares que manda Washington...) es absolutamente ineficaz.

Complementaremos el criterio de Biskind con la breve descripción que ofrece Ray de los valores asociados a los héroes oficiales y a los héroes fuera de la ley en los siguientes aspectos: madurez, sociedad y mujeres, y política y leyes.

1. En cuanto a la madurez, el héroe fuera de la ley está cercano a la niñez, tiene una inocencia primaria, un comportamiento natural e instintivo que le garantiza una psicología clara y directa, sin zonas grises. Por el contrario, el héroe oficial «embodied the best attributes of adulthood: sound reasoning and judgment, wisdom and sympathy based on experience» (Ray, 1985: 60).

2. En cuanto a las relaciones sociales, el fuera de la ley desconfía de la civilización y no se siente cómodo en sociedad, cuyas normas de protocolo, urbanidad y educación le son ajenas y desconocidas. Siente urticaria al pensar o hablar de matrimonio, y cuando se ve envuelto en una relación siempre es con mujeres de turbio pasado, generalmente relacionado con la prostitución y el crimen.

El héroe oficial es todo lo contrario, se siente cómodo en sociedad, su elemento natural, es cosmopolita y acepta felizmente sus deberes públicos, con frecuencia como abogado o político. Para él no existe la felicidad fuera del matrimonio y la familia.

En cuanto a la política y las leyes,

> «if the outlaw hero's motto was 'I don't know what the law says, but I do know what's right and wrong', the official hero's was 'We are a nation of laws, not of men', or 'No man can place himself above the law'. To the outlaw private standards of right and wrong, the official hero offered the admonition, 'You cannot take the law into your own hands'» (Ray, 1985: 59).

La película que mejor ejemplifica la perspectiva de Ray es *The Man Who Shot Liberty Valance* (John Ford, 1962), en la que coexisten ambos héroes, interpretados además por actores que sirvieron de prototipo de cada héroe, John Wayne y James Stewart. La estela de Wayne la siguieron, radicalizándose, los protagonistas de las sagas *Dirty Harry* (Clint Eastwood) y *Death Wish* (Charles Bronson).

Distinguiendo ideologías

Durante la época que analizan Biskind y Ray, las década de 1950, el consenso centrista liberal–conservador dominaba de forma apabullante el *mainstream* comunicativo. El equilibrio quizás tendió ligeramente hacia la izquierda durante los años de la guerra de Vietnam (véase por ejemplo *Bonnie & Clyde*, Arthur Penn, 1967 y *Butch Cassidy and the Sundance Kid*, George Roy Hill, 1969) pero la respuesta de la derecha fue contundente y el control del *mainstream* empezó a decantarse hacia el lado del conservadurismo, con héroes hipermasculinizados como los mencionados Harry Callahan, que primero dispara y luego pregunta, y el arquitecto neoyorkino Paul Kersey, un liberal prototípico que decide convertirse en justiciero fuera de la ley cuando violan y asesinan a su mujer. (En la segunda entrega de la saga violan y asesinan a su hija. Michael Winner, director de ambas películas, no se quebró la cabeza para justificar que Kersey volviera a actuar de justiciero, esta vez en Los Ángeles).

Atendiendo a la importancia y el interés que tienen los extremos, aportaré a continuación algunas notas sobre distintas ideologías, disgregando las diferentes tendencias que Biskind reúne bajo los términos de ala derecha y ala izquierda.

De forma general podemos definir una ideología como un conjunto o sistema de ideas relacionadas entre sí de forma coherente y que conforman una determinada visión del mundo. Son ideas o puntos de vista relativos a la sociedad, las personas, los comportamientos deseables y no deseables, la naturaleza, etc. Son las ideas a través de las cuales las personas interpretamos los datos de la experiencia y los convertimos en una realidad coherente (al menos para nosotras mismas).

Siendo las ideologías conjuntos de ideas interrelacionadas que abarcan todos o casi todos los ámbitos de la realidad, no resulta muy útil reducirlas al terreno de lo político (ideología política), como sucede con frecuencia. Tal vez el aspecto político sea el más visible o reconocible, pero no es el único, y probablemente tampoco sea el más importante. Para analizar una ideología hemos de atender a los diferentes aspectos que la conforman, que a efectos de la elaboración del test he agrupado en las tres áreas siguientes: 1. Política; 2. Economía, sociedad y naturaleza; 3. Ética y personalidad.

A continuación enumeraré una serie de ideologías y las describiré de forma somera en base a las tres áreas señaladas. La elección de las mismas responde al espectro ideológico estadounidense (el país productor de las películas que analizaremos), que tiene características propias que lo diferencian de regiones como Europa o el resto de América.

Soy consciente, por otro lado, de que los posibles debates y matices son innumerables. Entienda el amable lector o lectora que lo que viene a continuación es unas notas sueltas y elaboradas con brocha gorda, y que su objetivo es únicamente servir de marco a la adscripción ideológica de películas que llevaremos a cabo a utilizando el test como herramienta.

Anarquismo

La palabra anarquismo suele utilizarse como sinónimo de caos y desorden, aunque en su sentido político se refiere a la organización de las comunidades sociales desde la base, sin una estructura jerárquica que imponga su criterio por la fuerza.

El anarquismo clásico considera que el Estado es un instrumento de opresión del pueblo en manos de los poderosos, por lo cual propugna su abolición. El anarquismo (cuyo desarrollo teórico se llevó a cabo en los albores del capitalismo industrial, es decir cuando el poder político aún estaba por encima del poder económico) está en contra de todas las estructuras de poder, como las iglesias jerarquizadas y el sistema educativo alienante, sobre el cual considera, por poner un ejemplo, que aniquila la libertad y creatividad del alumnado, homogeneizándolo y desatendiendo sus propios intereses individuales.

En la esfera económica el anarquismo aboga por la mayor autarquía posible de las comunidades (pueblos, barrios y ciudades) y de las personas, y de la mayor libertad económica personal través de la máxima «hazlo tú mismo». Está en contra del trabajo asalariado y con frecuencia propone el intercambio de mercancías y trabajo sin la mediación del dinero.

La relación de una sociedad anarquista con la naturaleza debe ser de respeto y sostenibilidad. El lema «Ni dios, ni patria, ni dueño» resume de alguna forma la ética anarquista. Existen diversas corrientes dentro del anarquismo aunque todas ellas resaltan la necesidad del máximo respeto a la libertad individual. Esta necesidad se basa en la idea de que las personas son buenas por naturaleza, y de que en un contexto de libertad y no–opresión (moral, política o económica) esta bondad regiría nuestros actos.

Comunismo

El objetivo político del comunismo es poner la maquinaria del Estado al servicio del conjunto la sociedad y no sólo de los poderosos. Los medios para alcanzar este objetivo han variado a lo largo de la historia (y de las circunstancias) desde el asalto violento a los centros de poder y la instauración de la dictadura del proletariado hasta la concurrencia a las elecciones democráticas.

Desde el punto de vista económico, la principal característica del comunismo reside en su idea de que los medios de producción (industria, agricultura, ganadería, servicios) deberían ser de propiedad pública, y la producción debería estar planificada y repartida equitativamente, en vez de estar controlada por manos privadas que sólo persiguen su propio beneficio. La economía comunista se opone frontalmente a la existencia de la plusvalía. El comunismo ortodoxo pone el énfasis en la comunidad sobre el individuo. En general, la imagen que el comunismo tiene de la naturaleza es más de uso y dominación (como el capitalismo) que de inserción (como el anarquismo). El internacionalismo y la conciencia y lucha de clases son otras de sus ideas básicas.

Liberalismo

El origen del liberalismo se encuentra en el enfrentamiento que durante los siglos XVIII y XIX mantuvieron en Europa las monarquías absolutas y las clases nobles con las pujantes clases burguesas. Estas pedían libertad económica y libertad personal, *laissez faire* y democracia, aunque la democracia tenía para ellos un sentido mucho más restringido que el actual. Por ejemplo el voto femenino se aprobó en EEUU (y en Alemania y Gran Bretaña) en 1920, y el derecho a voto para todas las personas afroamericanas en una fecha tan reciente como 1965.

El liberalismo económico clásico aboga por el libre mercado y denuncia la acción del Estado como un obstáculo al buen funcionamiento de la economía, que se regularía a sí misma hacia estados de equilibrio guiada por sus reglas internas (la famosa mano invisible de Adam Smith), como las leyes de la oferta y la demanda.

Esta versión del liberalismo encontró en Europa un complemento adecuado en la ideología conservadora. En Estados Unidos, donde el comunismo y el socialismo fueron barridos del espectro ideológico en los años 50, el liberalismo se estiró para ocupar el lugar de la socialdemocracia. Así, por un lado defiende la economía de libre mercado y por otro un Estado fuerte y protector de las clases más desfavorecidas. La convivencia de las dos tendencias contradictorias en un mismo partido complica su ideario aunque a la vez lo convierte en un partido esencial para el mantenimiento del equilibrio democrático, y lo que es más importante (aunque menos evidente), para mantener las disidencias dentro del sistema liberal. De esta forma lo expresa el profesor de filosofía Roderick T. Long:

Corporate liberalism functions via a façade of op-

> position between a purportedly progressive statocra-
> cy and a purportedly pro–market plutocracy. The con
> operates by co–opting potential opponents of the
> establishment; those who recognise that something's
> amiss with the statocratic wing are lured into suppor-
> ting the plutocratic wing, and vice versa. [...] Perhaps
> the balance of power shifts slightly toward one side or
> the other; but the system remains essentially unchan-
> ged (Long, 2007).

El famoso fenómeno de las «puertas giratorias», que conectan los mundos de la política y la empresa, y por las que a menudo pasan los políticos más y menos prominentes, sería la punta del iceberg de la actividad central del ejercicio del poder: control estatal + control económico. El alcance de la verdadera alianza, el consenso entre los distintos grupos de la élite por repartirse el poder, quedaría ocultado gracias a la pantalla creada por la «sociedad del espectáculo» (Debord, 1973).

En cuanto a las relaciones entre el liberalismo corporativo y la representación espectacular, resulta sintomático que Long comience el artículo que acabamos de citar mencionando las semejanzas entre el argumento central de la segunda trilogía de la Guerra de las Galaxias y la alianza liberal–corporativa:

> The main plot line of the *Star Wars* prequel trilo-
> gy concerns an apparent conflict between the central
> government (the Senate) on the one hand and a coali-
> tion of mercantile interests (the Trade Federation, the
> Commerce Guild, etc.) on the other. As events unfold,
> however, it quickly becomes obvious to the audience
> (though much less quickly to the protagonists) that the
> conflict is largely a ruse, with the leadership of the two
> sides (Chancellor Palpatine and Count Dooku, respecti-

vely) secretly working hand in glove.

[...] Unfortunately, this is not just science fiction
(Long, 2007).

El liberalismo corporativo estadounidense, encarnado por el Partido Demócrata, hace en general gala de valores familiares, sociales y
culturales progresistas. Son cosmopolitas y multiétnicos, entienden
los nuevos modelos de familia y la homosexualidad. La naturaleza y
el trabajo son las fuentes de la riqueza, así que deben ser protegidos.

Conservadurismo (y Neo–Conservadurismo)

El conservadurismo estadounidense también mantiene una relación ambigua con la idea de la economía de libre mercado, que
puede reducirse a dos posturas: libre mercado cuando interesa a la
posición de poder de las propias empresas, proteccionismo en caso
contrario (el «America First» de Donald Trump). Para la corriente
neo–con la existencia del Estado debería estar reducida a defender
los intereses corporativos estadounidenses allende las fronteras y a
mantener el orden dentro del país a través un sistema de justicia.

Defienden los valores tradicionales de la familia nuclear, los padres autoritarios, la religión, la cultura clásica, el nacionalismo, el
clasismo y un más o menos disimulado racismo. Tienen propensión
a aceptar las novedades en el campo de la economía pero no en el
resto de materias. Dios puso la naturaleza al servicio del hombre
(masculino, no genérico). La correspondencia política del conservadurismo se encuentra en el Partido Republicano.

Fascismo.

Consideraremos el fascismo como la corriente ideológica que
aboga por un Estado centralizado y autoritario al servicio de la clase
dirigente. El poder del Estado debe estar por encima del poder de

las corporaciones, la política sobre la economía. La cima del poder social debería estar ocupada por una élite política que defendería los valores tradicionales contra los ataques de progresistas y mercantilistas. El fascismo defiende con extrema violencia la posición y privilegios de la clase dirigente, y valores como la familia tradicional, la religión, el nacionalismo, el liderazgo, la superioridad de *su* raza y la posición subalterna de las mujeres. Los individuos no son tan importantes como la nación o la *raza*, y las leyes de la naturaleza son el espejo en que la sociedad ha de mirar para organizarse.

Libertarianismo o Ultraliberalismo.

El libertarianismo defiende la abolición absoluta del Estado. Incluso funciones básicas del Estado para los conservadores como la Defensa y la Justicia deberían estar en manos de las personas asociadas libremente según la teoría libertariana. El libre mercado no debe ser interferido en ningún caso. Mientras que el comunismo y el anarquismo interpretan la «acumulación original» como un robo al conjunto de la sociedad perpetrado por un grupo de individuos, el libertarianismo lo justifica como el comienzo de la sociedad de libre mercado. Siguiendo las ideas de Ayn Rand, ni Dios ni sus ministros deben interferir contra las leyes del libre mercado. La caridad es un ejemplo de práctica y sentimiento que debe ser desterrado, y en ningún caso ser aplicada a aquellos que no han conseguido prosperar en una sociedad que premia el emprendimiento.

El libertarianismo confunde de forma interesada el núcleo del anarquismo, reduciendo a antiestatismo el antiautoritarismo anarquista. Así, se hacen llamar a veces anarcocapitalistas, aunque parece que un nombre más apropiado para la corriente que propugna la ley del más fuerte y la preeminencia de la esfera de la economía de libre mercado sobre el resto de esferas de la realidad sería el de ultraliberalismo. Otra gran diferencia entre el anarquismo y el anarcocapitalismo es la distinta concepción que tienen sobre la naturaleza humana y las relaciones sociales. El anarquismo proudhonista imagina la esfera económica como una federación compuesta de asociaciones libres de trabajadores que cooperarían entre sí para cubrir sus necesidades y sentar las bases para alcanzar la felicidad, mientras que el anarcocapitalismo la imagina como asociaciones libres de propietarios que compiten entre sí por alcanzar el mayor beneficio y, en última instancia, la supervivencia económica y social. Esta corriente, relativamente desconocida en Europa, es netamente estadounidense debido a su historia, especialmente a la labor de los pioneros en la conquista del Oeste.

No puedo terminar este apartado sin insistir en la cantidad de matices y debates que una somera descripción como la que he «perpetrado» pueden suscitar. Espero sin embargo que resulte de utilidad para el cometido que tiene.

El test

El test consta de 20 preguntas divididas en tres secciones: 1. Política; 2. Economía, sociedad y naturaleza; 3. Ética y personalidad. Es posible que alguna o algunas preguntas carezcan de relevancia en películas determinadas, o que la película no aporte información suficiente para contestarlas, y que en otras ocasiones sea difícil decidirse.

Para ahorrar espacio y prevenir repeticiones aportaré aquí algunas de las tablas que he elaborado al aplicar el cuestionario a las trilogías de Spider–Man y Batman y a las dos películas de Superman.

Política

1. ¿Qué visión se da en la película de las siguientes instituciones?: Positiva, negativa, neutra. En caso de ser negativa, ¿es débil u opresora? En otras palabras, ¿deja escapar a los delincuentes u oprime la individualidad de las personas? ¿Crea riqueza o pobreza?

TRILOGÍA EL CABALLERO OSCURO	VISIÓN DE LA INSTITUCIÓN				
INSTITUCIONES	Positiva	Neutral	Negativa:		Comentarios
			Demasiado suave	Opresiva	
Política			X		Incapaz de controlar la situación
Ejército			X		Cap. Brown y las Fuerzas Especiales mueren inmediatamente
Policía			X		Corrupta. Sólo Gordon merece confianza
Tribunales			X		Liberan a los criminales
Empresa	X				Hacen el bien (progreso y altruismo)
Religión o Iglesias	X				Sutil: el padre (Thomas) mira a su hijo (Bruce) desde el Cielo
Otras: la ciudadanía				X	Ataca a Batman en The Narrows, el barrio de la clase baja

TRILOGÍA SPIDER–MAN	VISIÓN DE LA INSTITUCIÓN				
INSTITUCIONES	Positiva	Neutral	Negativa:		Comentarios
			Demasiado suave	Opresiva	
Política		X			
Ejército				X	Envueltos en una carrera armamentística pero incapaces de controlar la situación
Policía		X			
Tribunales		X			
Empresa				X	El enemigo es dueño de una gran corporación, Oscorp.
Religión o Iglesias	X				Ben Parker habla a su sobrino desde el Cielo
Otras: la ciudadanía	X				Ayuda a Spider–Man contra el Duende Verde.

SUPERMAN RETURNS Y MAN OF STEEL	VISIÓN DE LA INSTITUCIÓN			
INSTITUCIONES	Positiva	Neutral	Negativa:	Comentarios
			Demasiado suave	Opresiva	
Política		X			Entre positiva y neutral
Ejército	X				Ayuda a Superman
Policía		X			Entre positiva y neutral
Tribunales		X			
Empresa		X			
Religión o Iglesias	X				Superman es como Jesucristo. El simbolismo es fácilmente detectable.
Otras: la ciudadanía		X			Pasiva

COMPARACIÓN SUPERMAN, BATMAN Y SPIDER–MAN	VISIÓN DE LA INSTITUCIÓN			
INSTITUCIONES	Positiva	Neutral	Negativa:	
			Demasiado suave	Opresiva
Política	SUPER	SPIDER	BATMAN	
Ejército	SUPER		BATMAN	SPIDER
Policía	SUPER	SPIDER	BATMAN	
Tribunales	SPIDER	SUPER	BATMAN	
Empresa	BATMAN	SUPER		SPIDER
Religión o Iglesias	SUPER SPIDER BATMAN			
Otras: la ciudadanía	SPIDER	SUPER		BATMAN

2. ¿Simboliza el protagonista a alguna institución, ideología o valores?

Según Rodolfo Ramudo, que une las dos primeras definiciones de «símbolo» de la RAE, «un símbolo es una representación sensorialmente perceptible de una realidad, en virtud de rasgos que se asocian subliminalmente con ésta por una convención socialmente aceptada, para producir emociones conscientes» (2002: 54). Los superhéroes son ejemplos constantes en su estudio sobre la creación de símbolos en el mundo audiovisual, proceso que define como la asociación de determinados valores a un elemento perceptible de la realidad.

En el caso que nos ocupa, el *simbolismo plástico* de Superman y Spider–Man es más que evidente: ambos visten con los colores de la bandera de Estados Unidos, y ambos son asociados insistentemente con esta bandera: Superman y Spider–Man, se encaraman a mástiles con la bandera de Estados Unidos (*Superman II, Superman IV, Spider–Man*), o simplemente comparten plano con ella. A veces incluso el personaje se funde con la bandera (*Superman and the Mole Men*) o se diseña una argucia para hacerla aparecer en un contexto histórico totalmente ajeno (*Man of Steel*). Otros héroes que comparten innumerables planos con la bandera son, por citar sólo alguno, Mike Banning en *Olympus Has Fallen* (Antoine Fuqua, 2013) o Cade Yeager en *Transformers: Age of Extinction* (Michael Bay, 2014).

El simbolismo plástico es el más evidente pero no el único, a veces se encuentra en la coincidencia de las actividades del personaje con las de una institución. Este es el caso en mi opinión de *The Dark Knight* y la CIA: Batman actúa como la Agencia (última tecnología, secretismo, espionaje masivo, jurisdicción planetaria, operaciones encubiertas en el extranjero…) y la asociación queda apuntalada por dos figuras de autoridad para Bruce Wayne, Alfred y Lucius Fox, que afirman en sendos momentos de la película haber trabajado para la CIA durante su juventud.

Otro ejemplo de este tipo de asociación lo encontramos cuando Spider–Man comienza a luchar contra el crimen en la película de

Sam Raimi (2002). La secuencia está compuesta como un reportaje de televisión en el que aparecen alrededor de una docena de personas entrevistadas. Cada una de ellas representa por su aspecto a distintos grupos sociales y étnicos, por lo que Spider–Man se convierte en defensor de una comunidad multicultural. Como veremos, con Batman sucede todo lo contrario, él se convierte en defensor de los blancos de clase media–alta.

En los tres casos el simbolismo busca la asociación de los valores representados por el personaje (bondad, altruismo, moralidad, responsabilidad, vigilancia…) con las instituciones que simbolizan: el país y una agencia de espionaje en estos casos. Superman y Spider–Man, como el país que simbolizan, son los policías del mundo a la luz del día. Pare que cuando reina la oscuridad el policía se convierte en agente secreto.

3. ¿Actúa el protagonista dentro o fuera de la ley? En caso de actuar fuera de la ley, ¿tiene el consentimiento y aprobación de las instituciones policial y/o de los tribunales o de alguno de sus miembros?

4. ¿Quiénes son amigos y sus enemigos? ¿Son enemigos externos o internos del país del héroe? Profesión, clase social, etnia, otros detalles que puedan dar cuenta de un posible uso simbólico del enemigo.

5. ¿Simboliza el enemigo a alguna persona o personaje, institución, ideología o valores? (Rodríguez de Austria, 2016).

THE DARK KNIGHT		ENEMIGOS					
	Interno o externo	Profesión	Clase social	Etnia	¿Es un personaje simbólico?	Otros detalles
Joker	Ambos	Terrorista	?	Caucásico (Anglosajón)	Terrorismo global	Muere
Harvey Dent	Interno	Fiscal y Político	Media	Caucásico (Anglosajón)	Políticos liberales (Partido Demócrata)	Muere
Maroni	Ambos	Mafioso	Media	Caucásico (Italiano)	Mafia	
Lau	Externo	Empresario mafioso	Alta	Chino	China	
Mafia	Ambos	Mafia	Baja	Italianos, chechenos, afroamericanos...	Mafia	

SPIDER–MAN		ENEMIGOS					
	Interno o externo	Profesión	Clase social	Etnia	¿Es un personaje simbólico?	Otros detalles
Duende Verde	Interno	Empresario / Científico	Alta	Caucásico (Anglosajón)	Avaricia y poder corporativo	Muere

Economía, Sociedad y Naturaleza

6. ¿Qué visión se da en la película de las distintas etnias (incluidos extraterrestres) que aparecen?

7. ¿Qué visión se da en la película de las distintas clases sociales?

8. ¿Qué personajes mueren, se arruinan o pierden algo y quienes sobreviven, se enriquecen o ganan algo?

9. ¿Simbolizan estos personajes a alguna clase social, entidad o institución?

10. ¿Qué visión de la naturaleza se da en la película? ¿Es una amenaza, una fuerza incontrolable, una fuerza controlada, existe sensación de pertenencia, sensación de misticismo?

11. ¿Qué visión de la tecnología se da en la película? ¿Es una amenaza, una fuerza incontrolable, una fuerza controlada? ¿Une o aísla? ¿Libera u oprime?

Moral y personalidad

12. ¿Qué imagen de la naturaleza humana se da en la película?

13. ¿Cómo resuelve los conflictos el protagonista? ¿Con el diálogo, la inteligencia, la fuerza, o la violencia?

14. ¿Es individualista o trabaja en equipo? En el segundo caso, ¿lidera indiscutiblemente el grupo o hay tareas que hacen mejor otros?

15. ¿Es predominantemente instintivo o predominantemente racional?

16. ¿Es experto o profesional? En otras palabras, ¿utiliza predominantemente conocimientos teóricos o prácticos, o ambos por igual?

17. ¿Se siente cómodo en sociedad?

18. ¿Se siente cómodo en la naturaleza?

19. ¿Está casado o piensa en el matrimonio? ¿Opina que el deber está antes que el amor? ¿Se relaciona con mujeres «buenas» o «malas»?

20. ¿Qué profesión y a qué clase social pertenecen sus parejas o amantes?

Conclusiones

La primera conclusión que podemos extraer es que ninguno de los superhéroes analizados es comunista ni anarquista. Esto no es una gran sorpresa. Superman, Batman y Spider–Man suelen actuar como defensores del *statu quo* (insisto en la palabra «suelen», podemos encontrar a Batman desafiando el *statu quo* tanto desde la izquierda, en la citada serie de TV de 1966–68, como desde la derecha, en la trilogía de Nolan), al contrario de lo que aparentemente representan otros vigilantes como Guy Fakes en *V de Vendetta* o *Watchmen*.

Spider–Man es sin duda el personaje que localizamos más a la izquierda en el espectro ideológico. Su familia y él mismo son rematadamente pobres, de clase media–baja, igual que su novia, que trabaja de camarera mientras intenta ser actriz. Su principal antagonista es Norman Osborn, alias Duende Verde, un rico directivo de una empresa de tecnología y armamento de última generación (Norman Osborn parece *alter ego* de Bruce Wayne). La clase baja y las etnias distintas a la caucásica aparecen representadas de forma positiva. Spider–Man les protege y ellos devuelven el favor ayudándole y protegiéndole cuando está aparentemente derrotado (en las escenas del tren y de las grúas).

Spider–Man es un símbolo de Estados Unidos, tiene una «gran responsabilidad porque posee un gran poder» (hasta donde tengo conocimiento la famosa frase de Ben Parker está inspirada en una que pronuncia Jonathan Kent en el serial *Superman* de Spencer Gordon Bennet y Thomas Carr, 1948), y por ello actúa como el vigilante del mundo entero, representado aquí por las distintas etnias de Nueva York. En la primera película de la trilogía podemos comprobar cómo Sam Raimi refuerza este simbolismo a través de un mecanismo de retórica audiovisual muy común y ya comentado. En el final de la película, tras preguntarse «¿Qué quién soy?», Peter Parker responde «Soy Spider–Man», y se posa en un mástil con la bandera ondeante de su país, de los mismos colores que su disfraz. Responde a su pregunta con la asociación visual, convirtiéndose a sí mismo en un símbolo de la nación.

La naturaleza está ausente y la imagen de la tecnología es probablemente entre neutral y negativa, ya que es Duende Verde quien posee una tecnología más avanzada y mortífera. La presión del ejército por tener mejores armas recuerda a la loca carrera armamentística denunciada en *Superman IV: The Quest for Peace*, (Sidney J. Furie, 1987) que es probablemente la película de Superman más progresista desde el punto de vista político (algo paradójico estando producida por Cannon Films y Golan–Globus Productions) a la vez que comparte con *Man of Steel* el deshonroso título de película de Superman más machista.

La imagen que se da de la naturaleza humana es muy positiva. De hecho, sólo encontramos un malvado que lo es realmente en su interior: Eddie Brock/Venom. El resto de villanos son empujados a la carrera criminal por las circunstancias. Norman Osborn presionado por los militares y sus jefes que quieren ver progresos en sus investigaciones armamentísticas, Harry Osborn movido por el dolor y el deseo de venganza, Sandman porque no tiene dinero para curar la enfermedad de su hija...

Podemos afirmar que Peter Parker es progresista en las siguientes áreas: política, economía, sociedad y ética, pero que en el terreno de la personalidad asume algunos valores conservadores. Es un individualista que combina la teoría con la práctica, el conocimiento y la fuerza, pero siempre los músculos sobre el cerebro. A pesar de ser perseguido por la policía y no sentirse cómodo en sociedad es un «héroe oficial». Entre sus mayores deseos se encuentra el matrimonio, aunque renuncia al mismo al anteponer el deber social a la felicidad individual.

Concluimos sin género de dudas que Spider–Man vota al Partido Demócrata.

Y podríamos decir lo mismo del Superman del siglo XX. No en vano Spider–Man es una versión renovada y rejuvenecida del mismo personaje. Empobrecido, modernizado, debilitado y humanizado, pero el mismo chico inocente al que le encantaría llevar una vida normal de clase media, con una familia y un trabajo estable en un periódico.

Pero Superman ha cambiado mucho tras los atentados del 11 de septiembre de 2001. Se ha vuelto más conservador. Donde Spider–Man (o él mismo tres décadas antes) considera que los ejércitos y las multinacionales son en cierta medida instituciones opresivas, el nuevo Superman no admite fisuras en su consideración positiva de las mismas. Además, como en las películas conservadoras, los políticos son inútiles e ineficaces.

Los enemigos de Superman, aparte del multimillonario Lex Luthor, y a juzgar por la sutil retórica que impregna las dos películas, son árabes, rusos y comunistas: los dos principales acólitos de Luthor en *Superman Returns* tienen fisonomías árabe y eslava, y podemos leer una palabra escrita en ruso (o al menos con letras del alfabeto cirílico) en una herramienta usada por los villanos.

Además, *Man of Steel* es la reelaboración de la película más conservadora de Superman hasta el momento, *Superman II*. De nuevo el general Zod y sus dos amigos, enemigos mortales del hijo de Jor–El, son condenados por intentar establecer un «nuevo orden» en Kriptón, una dictadura con Zod a la cabeza. En *Superman II* es bastante evidente que los villanos son la encarnación del comunismo. En *Man of Steel* las connotaciones simbólicas son menos evidentes. Los villanos parecen encarnar el totalitarismo cuando intentan el golpe de estado en Kriptón, y la destrucción total de la especie humana (representada por la sociedad occidental) cuando intentan cambiar la atmósfera de la Tierra parece acercarlos vagamente al terrorismo internacional.

La mayor inclinación hacia la derecha de la secuela puede reconocerse en pequeñas diferencias. Jor–El, padre de Kal–El/Superman es científico en la primera y general del ejército en la segunda. Ha pasado de «doc» a «cop». Otra diferencia es el papel jugado por los habitantes de Metrópolis: en la primera ayudan a Superman cuando

Zod y sus amigos le noquean momentáneamente (al estilo que hemos visto en Spider–Man), en la segunda película la ayuda le llega desde el ejército, no desde la ciudadanía.

En cuanto a la personalidad, los trazos de inteligencia y conocimiento teórico que podían subsistir del personaje del siglo XX desaparecen totalmente. En *Superman Returns* el héroe se sobrepone a la aversión a la kriptonita sin explicación lógica, con un simple esfuerzo, hasta el punto de ser capaz de lanzar al espacio un continente formado con esta letal sustancia. En *Man of Steel* ni siquiera necesita un truco para vencer a los enemigos kriptonianos, como en *Superman II*, donde les consigue quitar sus poderes usando la inteligencia. En l apelícula de 1980 engaña al traidor Luthor y tiende una trampa a los otros con idea de que lo encierren en la cámara que supuestamente vuelve humanos a los kriptonianos, siendo en realidad al revés en este caso: la cámara le protege de la radiación que deja sin poderes a sus enemigos. No es una gran sorpresa que Lex Luthor, «la mayor mente criminal de todos los tiempos», sea eliminado del remake de 2006: los cerebros no tienen lugar en el universo del Superman *neo–con*, y menos aún los cerebros de estadounidenses malvados y dueños de grandes corporaciones.

Todo lo contrario sucede con el oscuro vigilante que trataremos a continuación: no sólo tiene que luchar contra las más grandes y mejores mentes y cuerpos de su tiempo, sino que además ha de vencer sus propios miedos y debilidades.

En *Batman Begins* nuestro héroe enmascarado tiene que luchar contra Ra's al Ghul, líder de la Liga de las Sombras. No descubro nada nuevo si resalto la marcada semejanza fácilmente reconocible entre Ra's y la Liga con Osama bin Laden y Al Qaeda (incluso con el «Eje del Mal»). Marano (2008: .81), Tyree (2009: 31), Toh (2010: 132) y Hassler–Forest (2012: 94) entre otros han expresado la misma opinión.

El Joker es una encarnación del terrorismo internacional. Harvey Dent es una encarnación de los políticos liberales que piensan que la solución a los problemas de seguridad se encuentra en el cumplimiento de las leyes. Pero Harvey no está preparado para luchar contra una fuerza tan etérea como el terrorismo global (al contrario que los conservadores), y en su empeño de usar las leyes en esta lucha se acaba convirtiendo en un títere en manos del Joker, un enemigo interno de la sociedad estadounidense. Bane y Talia al Ghul encarnan a los movimientos contestatarios y el empoderamiento de las clases populares. Según Slavoj Žižek la última película de la trilogía describe lo que sucedería si las clases populares tomasen el poder, una *Dictadura del proletariado en Gotham City* (2012) en la que reinarían la revancha, el terror y la inutilidad más extrema. La película parece entonces una crítica tanto de las ideas comunistas, anarquistas y ecologistas como del descontento social por una situación de crisis económica. Así, Bane lanza soflamas de corte revolucionario y dice ser la voz del pueblo que clama por la justicia social (resulta curioso resaltar que Donald Trump usó una frase de Bane en su discurso de investidura, aquella en la que afirma que toma el poder para devolvérselo al pueblo) pero esconde el motivo secreto de la destrucción total de la ciudad, como heredero del terrorismo global de la Liga.

La mayoría de las etnias distinta de la anglosajona son representadas de forma negativa. Los mafiosos son italianos, afroamericanos, chechenos y chinos. Ni rastro de un WASP. China es un país corrupto que fabrica productos defectuosos. Los policías que traicionan a Gordon se apellidan Wuertz y Ramírez.

La mayoría de las personas ricas son buenas y están bien educadas, mientras que las clases bajas son brutas y criminales. Recordemos la escena en el barrio pobre de Gotham (the Narrows), cuando muchos de sus habitantes, en vez de sentir el miedo que provoca la droga, se unen a los criminales liberados del psiquiátrico y atacan e intentan despedazar a Batman.

Todas las instituciones menos las corporaciones (el altruismo de Industrias Wayne es más que exagerado) y la religión son retratadas de forma negativa. La policía es inútil y corrupta (y el comisario muere). Los tribunales dejan libres a los criminales (y Rachel y la jueza Surrillo mueren). Los políticos son inútiles (y el alcalde casi muere). El Ejército es inútil, y el equipo de las Fuerzas Especiales con el arrogante capitán Jones a la cabeza muere segundos después de afirmar «yo estoy al mando aquí». Incluso el presidente del país, que sólo aparece en televisión, se muestra incapaz de ayudar a Gotham, a la que abandona a su suerte.

La imagen de la naturaleza humana parece declinarse hacia el lado negativo, aunque nos depara sorpresas como la humanidad de los criminales convictos que se sacrifican por los ciudadanos «normales» del otro ferry.

Batman utiliza la tecnología más avanzada siempre con buenos propósitos, incluso su ilegal sistema de escuchas telefónicas que queda justificado por el éxito a la hora de localizar al Joker. Nuestro héroe se ve forzado a usar la violencia extrema, incluso la tortura, para salvar vidas inocentes. Es un individualista convencido que colabora con otros individualistas (Gordon y Blake). Cuando desobedece el lema «el deber antes que el amor», Rachel le rechaza y después es asesinada (cuando Superman y Spider–Man intentan aparcar sus deberes para dedicarse al amor, todo se tuerce igualmente).

Salvo un sutil guiño a la creencia religiosa de la vida tras la muerte al final de la película, Bruce Wayne no confía en ninguna otra institución más que él mismo y su empresa. Es, de hecho, la única persona–institución–empresa capaz de mantener el orden y defender a la sociedad de los innumerables peligros que la acechan. No es un fascista tradicional porque las autoridades políticas y jurídicas, locales y estatales, son excesivamente suaves y rematadamente inútiles. Quizás la corriente ideológica que más se acerque a su figura sea el libertarianismo o ultraliberalismo. Bruce Wayne parece ser, entonces, liberal en lo económico y fascista en lo político. En otras palabras, un capitalo–fascista.

Apuntes finales

Las conclusiones que acabo de mostrar son un resumen muy somero de los resultados obtenidos en forma de textos casi tan largos como este capítulo. Si el número de matices y posibles debates es elevado en cada texto, en el caso de los resúmenes se multiplica exponencialmente. En cualquier caso el objetivo del capítulo es presentar el test, y más allá de este test en concreto, la perspectiva de análisis. Considero el test una herramienta dúctil y útil para el estudio de los contenidos ideológicos en la narrativa audiovisual, una herramienta que puede ayudar a desentrañar y a organizar estos contenidos, y que, combinado con un análisis más pormenorizado de los personajes y la trama puede dar como resultado un conocimiento profundo de los aspectos menos evidentes de los productos culturales analizados. Las áreas de estudio a las que puede resultar más útil son en mi opinión el análisis crítico del discurso y los estudios culturales. En sus manos queda, querido lector, querida lectora. Me sentiré muy honrado si lo remodela a su gusto y le encuentra utilidad.

II. El aumento de la violencia en la sociedad estadounidense y su reflejo en los cómics de superhéroes de los años ochenta y noventa: representación, causas y debates

José Joaquín Rodríguez Moreno

Introducción: superhéroes con licencia para matar

La violencia en los cómics de superhéroes ha sido una constante desde el nacimiento del género con la primera aparición de Superman, en la que el héroe era tiroteado y apuñalado, si bien sus superpoderes le permitían salir airoso (*Action Comics # 1*, junio 1938). Lejos de ser una excepción, en los primeros años de los superhéroes se pudo observar a personajes como Batman usando un arma de fuego (*Detective Comics* #35, enero 1940), a Bucky, el joven compañero del Captain America, disparando una ametralladora contra soldados japoneses (*USA Comics* #7, febrero 1942) o a Grim Reaper estrangulando con una soga a un gánster a la par que disparaba a otro (*Wonder Comics* #11, abril 1947). Pese a esto, es importante tener presente que el uso de la violencia no era exclusivo de los superhéroes: los títulos que giraban en torno a criminales, historias de vaqueros o el terror también recurrían gustosamente a la violencia, de tal modo que era posible ver a un criminal quemando en la cocina la cabeza de su víctima (*Crime Does Not Pay* #24, noviembre 1942), leer un artículo glorificando el uso de las armas de fuego (*Kid Colt, Hero of the West* #1, agosto 1948) o contemplar cómo se cercenaba la parte superior de un cráneo y se dejaba el cerebro al descubierto (*Mister Mystery* #16, abril 1954). La violencia era, efectivamente, uno de los atractivos de los cómics de los años treinta y cuarenta del siglo XX, pues sobre las viñetas no imperaba ningún código de conducta, a diferencia de lo que pasaba en el cine y la radio.

Ilustración 1: El superhéroe Grim Reaper entra al asalto en la guarida de unos criminales, ahorcando a uno con una soga mientras dispara al otro mafioso; la falta de escrúpulos a tratar con los criminales fue una constante hasta la entrada en vigor del Comics Code en 1954. Dibujo de Al Camy en *Wonder Comics* #11, abril 1947.

Ilustración 2: Un pequeño artículo como complemento a un cómic sobre el Salvaje Oeste presenta las armas de fuego como las herramientas que «civilizaron el Oeste», instrumentos para imponer la ley y la justicia sobre los «lobos con forma humana». Dibujo de Syd Shores en *Kid Colt, Hero of the West* #1, agosto 1948.

Algunas empresas como DC Comics, que editaba las aventuras de Batman y Superman, rápidamente dieron marcha atrás al uso de la violencia en un intento de crear historias más apropiadas para el público juvenil (Daniels, 1999: 31), pero la mayoría tardaron en suavizar los niveles de violencia. Algunas editoriales incluso contrataron a especialistas en materia infantil para producir sus cómics, de tal modo que Fawcett Comics tuvo como asesores al director la Asociación Americana de Estudios Infantiles (Child Study Association of America), al director de la Clínica para Niños con Talento (Clinic for Gifted Children) y un profesor de Educación de la Universidad de Columbia, entre otros; más modesta, Marvel Comics tan solo contaba con una psiquiatra, que pertenecía a la Oficina de Orientación Infantil (Child Guidance Bureau) de la ciudad de Nueva York. (Estos consejeros de las editoriales aparecían acreditados en la mayoría de las publicaciones; los presentes listados proceden de los datos extraídos de las páginas de *Captain Marvel Comics* #62, junio 1946 y *Blonde Phanton Comics* #21, enero 1949). Otras empresas decidieron adoptar un código de conducta en 1948, aunque su aplicación fue esporádica y en poco tiempo se abandonó (Wright, 2003: 102). No obstante, ante la creciente inquietud que producían por su violencia los *comic books* estadounidenses, las editoriales terminaron por adoptar un código de conducta, el Comics Code, que acabaron implantando prácticamente todas las editoriales del sector (la única excepción fue Dell Comics, famosa por sus historietas de Disney) y que sirvió para rebajar el tono de las publicaciones (Nyberg, 1998: 136).

A partir de ese momento y hasta entrados los años setenta, lo que nos encontramos es lo que el guionista y editor Jim Shooter denominó «violencia inocua» (*Happy Violence*), cuyas características definía en los siguientes términos:

> [Era violencia inocua] cada vez que un personaje de cómic era golpeado en la cabeza con un pesado objeto

contundente y perdía la consciencia el tiempo que el guionista creyese que resultaba conveniente, para luego despertar fresco como una rosa y capturar a los malhechores [...]. Recuerdo batallas entre Spider–Man y Doctor Octopus que sucedían a través de la ciudad, con lanzamiento de coches, destrucción de contenedores de agua y paredes tiradas abajo, pero en las que nadie recibía un solo golpe (Shooter, 2001).

Se puede entender, por lo tanto, como una violencia espectacular a la vista pero que no acarrea consecuencias reales: las contiendas no producen contusiones ni traumas, tampoco huesos rotos, derrames internos ni mucho menos muertes. Un ejemplo de ello lo tenemos en personajes dirigidos al público infantil como Captain Marvel, donde las luchas son alegres, pero también en héroes de acción como Captain America, donde los combates poseen mayor intensidad y fuerza, sin que por ello posean consecuencias coreografías (*Shazam!* #4, julio 1973 y *Tales of Suspense* #85, enero 1967). Incluso cuando el conflicto se salda con la muerte de un criminal, esta se debe a las acciones del villano, no a un intento consciente del superhéroe por poner fin a su vida, como sucede con la muerte de Puppet Master o Baron Zemo (*Fantastic Four* #8, noviembre 1962 y *Avengers* #15, abril 1965).

Ilustración 3: El empleo de vistosas onomatopeyas, nubes de polvo y estrellas sirven para señalar la fuerza de la contienda, pero los combatientes ni siquiera parecen cansados, mucho menos muestran signos de que los golpes les hayan dañado en modo alguno. Dibujo de C.C. Beck en *Shazam!* #4, julio 1973.

Ilustración 4: La muerte del villano se debe a su propia maldad, como podemos observar en esta página, en la que Puppet Master no acepta su derrota e intenta convertirse en rey del mundo; el forcejeo con su hija hace que la marioneta caiga, y con ella se sella su destino, cayendo el propio villano hacia el vacío. Dibujo de Jack Kirby y Dick Ayers en *Fantastic Four* #8, noviembre 1962.

No obstante, a partir de finales de los años setenta vamos a encontrarnos con un aumento progresivo de la violencia, tanto en la forma en que esta es representada como en la manera que es ejercida por parte de los superhéroes, hasta el punto de que algunos especialistas llaman a este periodo «oscuro y realista» (*Grim and Gritty*), en tanto que se pierde el toque idealizado que había existido en las décadas previas. Esta forma de representar la violencia va a tener su máximo apogeo en la segunda mitad de los años ochenta y los primeros años de los noventa, y generalmente se justifica como un cambio en los gustos del público, que al preferir consumir cómics con una mayor carga violenta fomentaron la producción de series que tomaran dicha dirección.

No obstante, los cambios de gustos no son casuales ni espontáneos, sino que dependen de diversos factores. El objetivo de las siguientes páginas es comprobar justamente en qué consistió ese cambio en los gustos del público, identificar los hechos concretos que permitieron el resurgimiento de la violencia tras dos décadas de hiato y comprobar qué debate en torno al uso de la violencia, si acaso lo hubo, se generó dentro de la propia comunidad de creadores de cómics.

El aumento de la violencia y la aparición de nuevos modelos de superhéroes: antihéroes y personajes hipermasculinizados

El concepto de superhéroe evolucionó profundamente desde la aparición de Superman en los años treinta hasta la llamada Revolución Marvel, que supuso una humanización de los personajes, que pasaron de ser figuras idealizadas a héroes con pies de barro, como el incomprendido Spider–Man, la monstruosa Cosa o el ciego Daredevil, por poner solo algunos ejemplos (Raphael y Spurgeon, 2003: 98). No obstante, pese a estas transformaciones, el empleo de la violencia no conoció cambios sensibles: héroes y villanos empleaban la fuerza por igual, sin que esta tuviese auténticas consecuencias, jugando también un papel importante la astucia de los superhéroes. Por ejemplo, Mr. Fantastic derrota a la invasión alienígena de los Skrulls mediante su ingenio y no su fuerza, de igual modo que los Teen Titans convencen al joven criminal The Ant para que deje de trabajar para una banda de gánsters, siendo la contundencia de los argumentos y no la de los golpes el que ponen final feliz a la historia (en *Fantastic Four* #2, enero 1962 y *Teen Titans* #5, octubre 1966, respectivamente).

Esto cambió en los años setenta, primero de forma lenta, aunque acelerándose el proceso a medida que avanzaba la década. En un primer momento podemos observar la aparición de una violencia con consecuencias, que permite que de forma puntual haya secundarios e incluso héroes que fallezcan a manos del villano, como fue el caso de Gwen Stacy, la novia de Spider–Man, o el miembro de los X–Men Thunderbird (en *Amazing Spider–Man* #121, junio 1973 y *X–Men* #95 octubre 1975, respectivamente). Aunque estas muertes se inician en un primer momento en la editorial Marvel Comics, con el tiempo se van extendiendo a otras editoriales, llevando a la muerte de Angela, el interés romántico de uno de los protagonistas de los DNAgents de Eclipse Comics, o de personajes protagonistas como Flash o Robin en DC Comics (en *DNAgents* #3 (mayo 1983), *Crisis on Infinite Earths* #8, noviembre 1985 y *Batman* #428, 1988, respectivamente).

Otro cambio relevante fue que también surgió un nuevo modelo de personaje que, sin reemplazar nunca al superhéroe convencional, sí que gozó del favor de una parte importante del público. Su principal característica es el empleo de métodos similares a los de los villanos, incluso una falta de moral similar a la de estos, si bien sus objetivos son los mismos que los del héroe: proteger a la sociedad y reducir el crimen. Es por esta mezcla de elementos que estos personajes suelen ser señalados como antihéroes.

Uno de los primeros antihéroes que encontramos es el justiciero Punisher a mediados de los años setenta. El personaje, no contento con detener a los criminales, está dispuesto a acabar también con sus vidas, convirtiéndose de este modo en juez, jurado y verdugo. Pero a pesar de lo radical que resultan sus acciones, Punisher muestra ciertas dudas que parecen azotar su conciencia: «Mi objetivo es la completa destrucción de los criminales de Nueva York. No acepto convertirme en un asesino común [...]. Si alguna vez voy a aceptarme a mí mismo, tengo que saber que estoy haciendo lo correcto...» (*Amazing Spider–Man* #129, febrero 1974). Lo mismo sucede con otros personajes, como el fantasmagórico Ghost Rider, que no desea renunciar a sus métodos a pesar de que no puede escapar de los remordimientos, como demuestra una conversación que tiene con Spider–Man tras haber usado sus poderes para atormentar la mente de un criminal:

> — Hice lo que tenía que hacer. Había que detenerlo.
> — ¡¿¡Tenías que hacerlo de este modo!?! ¡Si vivo un millar de años, Blaze [el nombre del *alter ego* de Ghost Rider], ¡nunca más quiero volver a escuchar un grito como este! Se supone que somos los tipos buenos, caballero... ¡Se supone que somos mejores que la escoria contra la que peleamos!
> — Yo soy lo que soy.
> — Entonces espero que puedas vivir contigo mismo, colega, porque lo que tú eres no resulta demasiado agradable.
> — Yo... lo sé, amigo mío. Adiós. (*Marvel Team–Up* #58, junio 1977).

También en DC encontramos a antihéroes que emplean la violencia, como Vigilante, un justiciero enmascarado que no duda en ejecutar a sus enemigos, si bien en este caso encontramos que sus asesinatos pesan sobre su conciencia, hasta el punto de que acaban incitándole al suicidio (*Vigilante* #50, febrero 1988). Por lo tanto, las historietas nos hablan de personajes atormentados por sus acciones, que se van hundiendo por el peso de su propia ambigüedad.

No obstante, a medida que este tipo de personajes violentos fueron ganando popularidad, lo que los guionistas fomentaron fue, ante todo, la violencia y el deseo de venganza de los antihéroes, fruto este último de la necesidad de dotar de un pasado trágico a los personajes, de tal modo que sus acciones fueran justificables a ojos del público. Por ejemplo, dos personajes extremos como Punisher y Rorschach aparecen marcados por vidas trágicas: el primero es un veterano de Vietnam que pierde a su familia, asesinada por la mafia; el segundo es un chico de inteligencia límite, y que tras enfrentarse a un depredador sexual de menores termina adoptando métodos extremos (en *Punisher: Year One* #1, diciembre 1994 y *Watchmen* #6, febrero 1987). La violencia de ambos personajes resulta aceptable en su momento para muchos lectores porque está enfocada hacia los criminales, idea que se repite con otros personajes como las Teenage Mutant Ninja Turtles, que no dudan en derramar la sangre de las bandas criminales, o Shadowhawk, capaz de romper la columna vertebral de unos adolescentes pertenecientes a una peligrosa banda callejera sin tener remordimiento alguno (en *Teenage Mutant Ninja Turtles* #1, 1984 y *Shadowhawk* #1, agosto 1992). La gran diferencia con el momento anterior es que el salvajismo de los antihéroes, lejos de ser un problema que los corroa por dentro, se muestra de este modo como carente de consecuencia, incluso se muestra en ocasiones como algo de lo que enorgullecerse:

> Diez años de psicoterapia. De hipnotismo. De terapia con fármacos. Diez años rezando... y lo he destripado [al villano] sin ni siquiera pensarlo. Nada cambia [...]: pensé que había aprendido a controlarme... supongo que estaba equivocado... ¿Y queréis saber qué es lo más divertido? ¡Que me alegro! (*X–Men* #96, diciembre 1975).

De hecho, esta figura antiheroica también se va a encontrar en las superheroínas, como Starfire o Storm. La primera no duda en buscar venganza contra la organización que mató al hombre que amaba, y solo la amenaza de frenarla por la fuerza que formulan sus compañeros, los Teen Titans, es capaz de detenerla; la segunda no duda en apuñalar a su rival, Callisto, aceptando su naturaleza más salvaje, pese a haber sido una defensora de proteger toda vida hasta aquel momento (en *New Teen Titans* #16, febrero 1982 y *Uncanny X–Men* #170, junio 1983, respectivamente).

¿Pero cómo se justifica esa violencia dentro de las viñetas? Principalmente porque se ofrece la idea de que los superhéroes convencionales y la propia policía no están haciendo un buen trabajo, como demuestra el hecho de que los mismos villanos vuelvan una y otra vez a enfrentarse a los superhéroes. El antihéroe ofrece, por lo tanto, una respuesta inmediata y atractiva a cualquier tipo de problemas, como el personaje Cable, líder del grupo de adolescentes rebeldes X–Force, que deja bien claro sus objetivos: «Estamos aquí para hacer lo que la policía y los Avengers no están dispuestos a hacer: poner fin a esta situación con frialdad, dureza y a las malas» (*X–Force* #3, octubre 1991). Incluso cuando algunos superhéroes se niegan por lo general a ejecutar a sus enemigos, las historietas fuerzan situaciones en las que no les queda más remedio, como cuando Flash debe romper el cuello al Dr. Zoom para evitar que este ejecute a su prometida (*Flash* #324, agosto 1983), una situación no muy diferente a la que afronta el mutante Charles Xavier, que debe elegir entre sus ideales pacifistas o dejar que su enemigo Magneto masacre a la raza humana: «No contamos con el lujo del tiempo ni es ocasión para la nobleza… Llegados a este punto, no estamos luchando por una causa filosófica, una esperanza o un sueño: estamos luchando por nuestra propia supervivencia… Y si no luchamos para ganar, ¡perderemos irrevocablemente este mundo!» (*X–Men* #25, octubre 1992). Por lo tanto, en última instancia es una visión del mundo en blanco y negro, simple y reduccionista: ellos o nosotros, las fuerzas del bien contra las fuerzas del mal (Wright, 2003: 272). Estos planteamientos quedan perfectamente recogidos en la siguiente queja de Justice, quien usa sus rayos de energía para reducir a polvo a los criminales, y que no entiende la razón por la que la policía le persigue: «¡Piensan que soy un malvado porque maté a un malvado!» (*Justice* #2, diciembre 1986).

Estos personajes ambiguos tan solo protagonizan, es verdad, una pequeña fracción de los títulos publicados por Marvel Comics, pero su popularidad va afectando en mayor o menor medida a un número creciente de los títulos, que intentan sumarse a la moda presentando personaje algo más violentos, situaciones más extremas y superhéroes que empiezan a tender hacia la hipermasculinidad, es decir, hacia una exageración de los atributos de género masculinos como pueden ser su virilidad o el empleo de la fuerza física, además de la negación de cualquier característica mínimamente relacionada con el género femenino, como puede ser la empatía o la compasión (Dennehy *et al*, 2012: 54). Esta hipermasculinización ya se intuía en los antihéroes a través de elementos recurrentes como el empleo constante de la violencia para resolver los problemas, obviando el ingenio o la razón, pero se va a reforzar a partir de la segunda mitad de los ochenta a través del estilo de dibujo, que va a hacer especial hincapié en musculaturas imposibles y en la muestra de todo tipo de armas, desde cuchillos a pistolas, cuando no fusiles del tamaño de auténticos cañones (Brown, 2001: 186).

Ilustración 5: Nótese las armas de los personajes: la musculatura exagerada de ellos y las no menos improbables armas de Cable y Shatterstar (fusil del tamaño de un cañón y espada de dos hojas) contrastan con la mujer, Domino, que además de aparecer en un segundo plano presenta un cuerpo en el que predomina lo sexual frente a la fuerza, además de mostrar armas mucho menos impresionantes que las de sus compañeros. Dibujo de Rob Liefeld en *X–Force* #9, abril 1992.

Ilustración 6: El salvaje Ripclaw posee afiladas cuchillas en vez de dedos, lo que complementa con una musculatura poderosa y una apariencia feroz. Dibujo de Marc Silvestri en *Cyber Force* #1, octubre 1992.

A diferencia de lo que veíamos con el modelo anterior, donde sí había cabida para las antiheroínas, la hipermasculinidad excluye a los personajes femeninos. Habrá, sí, espacio para mujeres violentas, como demuestran los personajes de nuevo cuño Glory y Witchblade (parecidas originalmente en *Youngblood Strikefil*e #1, abril 1993 y *Cyblade/Shi: The Battle for Independents*, 1995, respectivamente), además de la mayor preponderancia de otros que ya existían, como Black Widow tras la renuncia de Captain America como líder del grupo The Avengers (justamente tras una discusión sobre el derecho o no del grupo a poner fin a la vida de un genocida) o Invisible Woman como elemento de unión de The Fantastic Four tras la aparente muerte de su esposo Mr. Fantastic (en *Avengers* #347, mayo 1992 y *Fantastic Four* #381, octubre 1993). No obstante, a estas heroínas violentas y capaces de dar órdenes no se las mostrará como mujeres fuertes o usando armas poderosas, sino que se les darán generalmente trajes ajustados que resalten sus exagerados pechos y caderas, en un intento de hacerlas más sensuales a ojos del público; de este modo, si el cuerpo masculino se presenta de tal modo que representa fuerza y poderío, la figura femenina se convierte meramente en objeto de deseo.

Ilustración 7: La anatomía de Witchblade también está idealizada en este dibujo de Michael Turner y D–Tron para *Witchblade* #8, agosto 1996, pero no para resaltar su fuerza física como en el caso de los superhéroes, sino erotismo.

El debate interno sobre la violencia y el rol de los superhéroes

La aparición de antihéroes y personajes hipermasculinizados no fue aceptado ni por todos los públicos ni por todo el personal creativo de las editoriales, antes al contrario, a lo largo de los años se pudo constatar una respuesta por parte de ciertos sectores de autores que, pese a reconocer la popularidad de estos conceptos, seguían apostando por superhéroes tradicionales y por un uso más moderado de la violencia.

Uno de los primeros autores en plantear la complejidad del asesinato fue Marv Wolfman, quien hizo girar una de sus historias para la serie *New Teen Titans* en torno al deseo de venganza de los superhéroes (entre ellos la ya citada Starfire, con su violento temperamento) contra los villanos General Zahl y Madame Rouge por la masacre de la población del ficticio país de Zandia. Los personajes se plantean si deberían dejarse llevar, como manifiesta Cyborg en sus pensamientos: «¡Deseo hacerles daño pese a que sé que no es correcto! [...] ¿Es así como somos la personas en realidad, en lo profundo de nuestro corazón?» (*New Teen Titans* #15, enero 1982). No obstante, quien más sufre ese debate es Beast Boy, que arroja a la asesina de sus padres, Madame Rouge, contra una máquina, electrocutándola sin haberlo pretendido; es entonces cuando comprende que el saciar su venganza no ha cambiado nada:

> La... la odiaba, quería que muriese, quería destruirla y lo he hecho... ¡lo he hecho! [...] ¿Qué ha solucionado la muerte de Rouge? Mi madre sigue muerta. Y el resto [de la Doom Patrol] también. Todos estos años anhelé poder vengarme: ¡Pero ahora que he logrado la venganza, esta no significa nada! (*New Teen Titans* #15, enero 1982).

Mark Gruenwald, guionista de las aventuras de Captain America, también llevó a su personaje al límite y lo hizo matar a un terrorista que amenazaba las vidas de numerosas personas, pero tampoco en este caso se trivializó el tema, sino que sirvió para el personaje meditase profundamente sobre sus acciones. Esta reflexión le permitió que, cuando se enfrentase poco después a la opción de dejar morir al líder de los terroristas, decidiese hacer todo lo posible por salvarle la vida (*Captain America* #321–322, septiembre y octubre 1986). Más adelante, el personaje volverá a plantearse si su preocupación por respetar las vidas de sus enemigos es acertada o no, optando en última instancia por abrazar sus valores:

> Parece que mi estilo profesional está pasado de moda, una rareza en una sociedad que cada vez es más violenta. Quizá tipos como Punisher, Cable o Wolverine son la respuesta al tipo de amenazas que los Estados Unidos afrontan hoy día. Quizá una mala conducta y una carencia de códigos morales son las únicas respuestas. Los valores que he defendido durante toda mi carrera parecen insostenibles hoy día. Pero sin ellos, ¿qué soy? (*Captain America* 401, junio 1992).

También la escritora Ann Nocenti critica a este tipo de personajes violentos a través de una conversación entre Wolverine y Daredevil, en la que este último argumenta: «¡No somos jueces! ¡Sí, usamos nuestros puños! ¡Sí, rompemos la ley! Pero no somos Dios, no somos jueces, ¡no somos asesinos!» (*Daredevil* #249, diciembre 1987). Por su parte, el guionista Scott Lobdell señala las consecuencias de la violencia en el diálogo que mantienen la mutante Jean Grey con su compañero Colossus, que superado por la pérdida de sus padres a manos de unos asesinos desea descargar toda su furia contra el primer villano que encuentra:

> ¡Ya basta, Peter! Cuando empecemos a matar… a decidir quién vive y quién muere… ¡no seremos mejor que quienes mataron a tus padres! ¿Es ese el mundo en

el que quieres que crezca tu hermana? ¿Un mundo en el que cada acto de violencia es respondido con otro? ¿Donde la vida y la muerte la deciden aquel que es más fuerte... más moralmente corrupto... que los demás? (*Uncanny X–Men* #302, julio 1993).

Al mismo tiempo que estas dudas iban planteándose en personajes ya establecidos, diversos autores comenzaron a desarrollar nuevas series que buscaban recuperar la esencia de los superhéroes clásicos: Paul Dini y Bruce Timm demostraron la viabilidad de personajes menos violentos en *Batman Adventures*, una colección de historietas que adaptaba el estilo gráfico y el tono de la serie televisiva de Batman. Por otro lado, la nostalgia por las aventuras clásicas de los años cincuenta llevó a la aparición de *Big Bang Comics*, un proyecto del guionista y editor Gary Carlson, que recreaba historias similares a las de aquella década. Por su parte, el guionista Kurt Busiek, que ya había rememorado en la serie *Marvels* los inicios del universo superheroico de Marvel Comics, también mostró su deseo de contar historias menos oscuras y violentas, primero a través de una serie de nuevo cuño llamada *Astro City*, y poco después a través del superhéroe Spider–Man en la serie *Untold Tales of Spider–Man*, que se centraba en contar nuevas aventuras situadas en los inicios de su carrera superheroica. También Alan Moore, que posiblemente fuera uno de los autores que mejor definió a los antihéroes con su trabajo en *Watchmen*, retomó el tono de las aventuras clásicas de Superman en la serie *Supreme*, aplicando una narrativa compleja a unas historias con un tono idílico. Incluso el guionista y editor Tom DeFalco, que dio carta de naturaleza a los personajes hipermasculinizados con su política editorial al frente de Marvel Comics entre finales de los ochenta y principios de los noventa, creó al personaje de Spider–Girl, hija y heredera de los poderes del superhéroe arácnido, y con ella desarrolló un universo de ficción más cercano en el tono a las aventuras originales de Spider–Man que al universo hostil y violento que imperaba en sus títulos en aquel momento. (Estas etapas se iniciaron en *Big Bang Comics* #1, primavera 1994, *Marvels* #1, enero 1994, *Kurt Busiek's Astro City* #1, agosto 1995, *Untold Tales of Spider-Man* #1, septiembre 1995, *Supreme* #41, agosto 1996, *What If* #105, febrero 1998).

Aunque pocas de estas publicaciones llegaron a ser grandes éxitos de ventas, fueron bien acogidas por la crítica, como demuestran los numerosos premios Eisner (uno de los premios de historieta más prestigiosos de la industria del cómic estadounidense) recibidos por algunos de estos títulos: Alan Moore lo ganó por sus guiones de *Supreme* en 1997, Kurt Busiek por su serie *Marvels* en 1994 y nuevamente por *Astro City* en 1997 y 1999, mientras que Paul Dini y Bruce Timm lo recibieron por diversas aventuras publicadas en la serie *Batman Adventures* entre 1994 y 1996 («Eisner Awards 1990s» en *Comic Con International: San Diego*). Se produjo de este modo una paradoja en la industria: los cómics más vendidos eran los más violentos, pero al mismo tiempo algunos de los más valorados eran los que rechazaban directamente dicha violencia.

El contexto de las historietas: negocio, sociedad y medios de masas

Todo lo que hemos estado explicando hasta este momento no sucede fruto del azar entre la década de los años setenta y noventa, sino que su origen es fruto de una serie de transformaciones en la industria del cómic, los medios de masas y la propia sociedad estadounidense. Y es que no sería lógico estudiar exclusivamente la violencia dentro de los cómics, porque esta no refleja una inexplicable moda pasajera en las viñetas, sino unos importantes cambios que entroncan con la sociedad y la época en la que dichos cómics se producen.

En primer lugar tenemos que plantearnos una transformación progresiva de la sociedad estadounidense, donde se experimenta un progresivo aumento de los asesinatos, violaciones y asaltos que se producen. De este modo, si en 1961 nos encontrábamos tan solo con 158 crímenes violentos por cada 100 000 habitantes, una década después la cifra habrá aumentado más del doble, llegando a los 396. A lo largo de los años setenta la cifra sigue creciendo, llegando a los 549 en 1979. Durante la primera mitad de los años ochenta el número de crímenes se mantiene más o menos estable, pero a partir de la segunda mitad de la década experimentará un nuevo aumento, llegando a los 667 crímenes violentos por cada 100 000 habitantes en 1989, y alcanzando un nuevo récord en 1991, con un total 758 (Datos de crímenes violentos producidos en los Estados Unidos en «Uniform Crime Reports» en la web *Uniform Crime Reporting Statistics* dependiente del FBI).

Es decir, que la importancia de la violencia en los cómics de superhéroes comienza a ser más visible una vez que el número de crímenes violentos se triplica, dando lugar a antihéroes y antiheroínas que acaban evolucionando hacia los personajes hipermasculinizados entre finales de los ochenta y principio de los noventa, cuando las cifras de crímenes cuadruplican e incluso quintuplican a las que había a principios de la década de los sesenta. Que el aumento de la violencia en la sociedad coincida con el aumento de la violencia en los cómics no puede ser casual, aunque sí es cierto que existen otros factores que favorecen los cómics violentos.

Uno de ellos es, sin duda, la influencia de otros medios de masas. El cine resulta especialmente relevante en tanto que el código de conducta imperante en dicha industria fue sustituido en 1966 por el sistema de catalogación por edades que impera actualmente, que en lugar de controlar los contenidos se limita a controlar el acceso a los mismos (Rodríguez de Austria, 2015: 185). Esto significó la ampliación de temas y personajes que se podían tratar en la gran pantalla, y no es de extrañar que también aquí aparecieran antihéroes violentos, como Dirty Harry (*Dirty Harry*, Don Siegel, 1971, EE UU, Malpaso Productions), interpretado por Clint Eastwood, cuyo papel de policía obsesionado con proteger a la ciudadanía a cualquier precio queda claro cuando explica a sus superiores: «Esta es mi política. Cuando un hombre adulto persigue a una mujer con la intención de violarla, disparo contra el bastardo», mostrando así un desprecio absoluto hacia las vidas de los criminales. Puesto que los autores de cómics también consumían películas, y teniendo en cuenta que en ellas se les estaban ofreciendo nuevos roles que comenzaban a gozar de gran popularidad entre el público, no es de extrañar la influencia de personajes como Dirty Harry en la creación de Punisher y otros antihéroes de las viñetas (Marín, 2016: 67). De hecho, las trágicas historias de antihéroes como Punisher o Vigilante no son muy diferentes a la del personaje interpretado por Charles Bronson en *Death Wish* (Michael Winner, 1974, EE UU, Dino De Laurentis Corporation) que se dedica a ejecutar criminales tras el asesinato de su esposa a manos de unos pandilleros. A estos personajes de los setenta se irían sumando en los ochenta otros similares, como Bruce Willis en *Die Hard* (John McTiernan, 1988, EE UU, Silver Pictures), Arnold Schwarzenegger en *Raw Deal* (John Irvin, 1986, EE UU, De Laurentiis y Embassy Pictures), o Mel Gibson en *Lethal Weapon* (Richard Donner, 1987, EE UU, Silver Pictures y Warner Bros. Pictures). De este modo, en una sociedad en la cual la violencia criminal va en escalada, la opción de combatir el fuego con fuego cada vez estará mejor vista por el público en general, por lo que no solo es que películas y cómics muestren criminales más violentos, sino que el público simpatiza con aquellos que pagan a los delincuentes con su misma moneda.

Pero estos cambios en la presentación de la violencia no solo se debieron a la realidad de las calles o a la existencia de antihéroes en otros medios, sino también a una serie de cambios en el seno de la industria del cómic estadounidense. El más importante de ellos fue la progresiva evolución del Comics Code, que fue permitiendo un mayor margen de movimiento a las editoriales, aunque no por los contenidos de su normativa, sino por la interpretación que se hacía de la misma.

En 1954 encontrábamos que el Comics Code imponía las siguientes cortapisas al empleo de la violencia:

> * Las escenas de excesiva violencia estarán prohibidas. Escenas de tortura brutal, la lucha innecesaria o excesiva con armas de filo o de fuego, la agonía física, crímenes sangrientos o desagradables serán eliminados […].
> * Todas las escenas de horror, carnicería, crímenes desagradables o sangrientos, depravación, lujuria, sadismo y masoquismo no serán permitidas.[…]
> * Todas las ilustraciones escabrosas, desagradables u horripilantes serán eliminadas. (Informe del senado *Senate Committee on the Judiciary, Comic Books and Juvenile Delinquency*, Washington D.C. (EE UU), United States Government Printing Office, 1955).

En la revisión realizada en 1971 encontramos las mismas prohibiciones, formuladas exactamente en los mismos términos de 1954, mostrando tolerancia solamente hacia ciertos temas como podían ser los monstruos, que ya podían ser representados, igual que se podía tratar temas como las drogas o la corrupción de las fuerzas del orden siempre y cuando fuese para dar una lección moral (Nyberg, 1998: 170–174). Pero entonces, si no hay un cambio de la normativa relativa a la violencia, ¿cómo es posible que aparezcan superhéroes más violentos? La explicación más lógica es que esto se produce porque las normas deben interpretarse, y lo que se podía tachar de «excesiva violencia» a mediados de los años cincuenta ya era algo habitual en los setenta; es posible que el fin del código moral del cine en 1966 hubiese allanado el camino a este cambio, aunque las constantes noticias de crímenes violentos sin duda también debieron de jugar un papel importante en la normalización de la violencia.

Una nueva revisión del Comics Code que tuvo lugar en 1989 reformuló las normas sobre la violencia:

Las acciones o escenas violentas son aceptables dentro del contexto de la historia de un *comic book* cuando sean dramáticamente apropiadas. Las conductas violentas no se mostrarán como aceptables. Si se presenta de manera realista, se pondrá cuidado en mostrar las consecuencias naturales de dichas acciones. Los editores evitarán los niveles excesivos de violencia, la representación gráfica excesiva de violencia y el empleo excesivo de escenas sangrientas. Los editores no presentarán información detallada a los lectores sobre cómo imitar dichas acciones violentas (Nyberg, 1998: 175–179).

Este texto nos plantea algunas dudas: ¿Qué se considera «dramáticamente adecuado»? ¿Cómo se miden los «niveles excesivos de violencia»? Un ejemplo de lo arbitrarios que llegaban a ser los criterios de los censores lo podemos encontrar al comparar dos cómics (ilustraciones 8 y 9) que muestran el poco común asesinato de una mujer. En la primera de estas escenas vemos a una mujer asesinada que se deja entender que ha sido decapitada, mientras que en la segunda encontramos a una chica estrangulada y luego introducida en el frigorífico para que su novio, el superhéroe Green Lantern, la encuentre. La primera de estas imágenes provocó un escándalo considerable en 1954, y justamente fue empleada para atacar el contenido de los cómics que se publicaban (Nyberg, 1998: 61–63); por el contrario, el segundo asesinato no despertó polémica cuarenta años después. Sí que es cierto que la historia de Green Lantern sirvió para inspirar la web *Women in Refrigerators*, donde la guionista Gail Simone la usaba para ejemplificar cómo los personajes femeninos eran más propensas a morir o sufrir algún tipo de asalto físico/psicológico que sus contrapartidas masculinas. No obstante, en palabras de Simone, lo que encuentra polémica no es la escena en sí, sino el papel de los personajes femeninos en general: «No se pretende culpar a una historia concreta [...] ni es un ataque personal contra los autores [...]. Es [una crítica] a esta costumbre, a su significado y su relevancia, si la hay» (Simone, 1999).

Podría decirse que el Comics Code fue creado para evitar que volvieran a publicarse escenas de ese tipo, pero paradójicamente, cuarenta años después, los criterios siempre cambiantes de la sociedad y la vaguedad de la normativa permitieron escenas similares.

Ilustración 8: Esta portada de Johnny Craig para *Crime Suspenstories* #22, mayo 1954, permite intuir la decapitación de una mujer, aunque la imagen no muestra explícitamente que la cabeza haya sido separada del cuerpo. La imagen levantó una gran polémica y fue utilizada como parte de la campaña contra la violencia en los cómics.

Ilustración 9: En estas dos páginas de *Green Lantern* #54, agosto 1994, obra de Darryl Banks y Romeo Tanghal, un supervillano golpea, estrangula y mete en la nevera a la novia de Green Lantern. La escena no despertó en aquel momento polémica alguna, recibiendo la aprobación del Comics Code.

Finalmente, hay que tener presente factores internos de las editoriales. Ya hemos dicho que los personajes violentos llegaron a ser tremendamente populares desde la segunda mitad de los años setenta hasta la primera mitad de los noventa. Por ejemplo, uno de los más populares, Punisher, protagonizó en total cuatro series regulares más un *spin–off* futurista entre finales de los ochenta y mediados de los noventa (*Punisher*, 104 números publicados entre 1987 y 1995; *Punisher War Journal*, 80 números entre 1989 y 1995; *Punisher Magazine*, 16 números entre 1989 y 1990; *Punisher War Zone*, 41 números entre 1992 y 1995 y *Punisher 2099*, 34 números entre 1993 y 1995), y en general las series con antihéroes o personajes hipermasculinizados coparon los primeros puestos de las listas de ventas: ejemplo de ello lo tenemos en *X–Force*, *Wolverine* o *Ghost Rider* en Marvel; *WildC.A.T.S.*, *Spawn* o *Pitt* en Image; *Bloodshot* en Valiant (Miller *et al*, 2005). Por lo tanto, es obvio que el personal de las editoriales tenía presente este tipo de personajes violentos, independientemente de que los autores casasen a nivel personal con su filosofía y su violencia. Para los editores, emplear dichos personajes era una forma de garantizar que los títulos de los que se encargaban mantuviesen su popularidad entre el público; para los autores, tanto guionistas como dibujantes, era una forma de aumentar sus ingresos, pues su sueldo se complementaba con incentivos por ventas, de tal modo que a más popular fueran sus personajes entre el público, mayores beneficios obtendrían (Rodríguez Moreno, 2017: 28).

No obstante, como ya vimos en el apartado anterior, durante la segunda mitad de los años noventa se produjo un retroceso de estos personajes, en ocasiones con reducción de sus ventas, otras veces con el cierre de los títulos (aunque usualmente eran seguidos por relanzamientos que, en cualquier caso, no lograban recuperar el favor del público). Ejemplo de ello lo tenemos con la cancelación de las series de *Nomad* (Marvel) y *Ferret* (Malibu) en 1994; *Punisher* (Marvel) y *Firearm* (Malibu) en 1995; *Deathstroke* (DC) y *Bloodshot* (Valiant) en 1996; *Ghost Rider* (Marvel), *Pitt* (Image) y *WildC.A.T.S.* (Image) en 1998, etc (Miller *et al*, 2005). Una vez más nos tenemos que preguntar a qué se debe este cambio de tendencia.

En primer lugar, quizá lo más relevante sea que nos encontramos con una reducción de los crímenes violentos, que fueron la leña que había avivado a este tipo de personajes en primer lugar, tanto en el cine como en el cómic. A partir de 1994 encontramos un descenso constante de las cifras de las actividades delictivas acompañadas de violencia, que pasaron de 713 por cada 100 000 habitantes aquel año a 611 en 1997 y 506 en 2000 (datos extraídos de «Uniform Crime Reports» en la web *Uniform Crime Reporting Statistics* dependiente del

FBI). Es posible que este descenso en el número de delitos violentos conllevara la pérdida de popularidad de los antihéroes y personajes hipermasculinizados, aunque también existe la posibilidad de que la sobreexplotación de los mismos llevase a una saturación del público, como ya había pasado en el cine entre finales de los ochenta y los noventa: la saga de Dirty Harry finalizó en 1988 con la quinta película de la serie, *Dead Pool* (Buddy van Horn, EE UU, Warner Bros); otras cinco entregas aguantó la saga *Dead Wish*, finalizada en 1994 con *Death Wish V: The Face of Death* (Allan Goldstein, EE UU, 21st Century Film Corporation); *Die Hard* sufriría desde 1995 (*Die Hard with a Vengeance*, John MacTiernan, EE UU, Cinergi Pictures) un parón que duraría más de una década, y *Lethal Weapon* tocaba a su fin en 1998 con su cuarta película (*Lethal Weapon 4*, Richard Donner, EE UU, Silver Pictures).

En el caso concreto de la industria del cómic se suma un nuevo factor: la crisis de ventas que sufrió la industria a mediados de la década de los noventa, en parte producida por una saturación del mercado y en parte motivada por un incremento de los costes de producción (Raviv, 2004: 68), lo que en última instancia supuso un descenso de las ventas, que se tradujo una reducción del número de editoriales y puntos de venta (Rapahel y Spurgeon, 2003: 243). Los títulos y editoriales supervivientes debían buscar, por lo tanto, elementos originales que los mantuvieran a flote, de tal modo que se favoreció la reinterpretación de los superhéroes, en parte por agotamiento del modelo anterior, en parte por el éxito de crítica que alcanzan nuevas propuestas como los ya vistos *Supreme*, *Astrocity* o *Batman Adventures*.

Conclusiones: las viñetas como reflejos

Como hemos visto a lo largo de este capítulo, el aumento de la violencia en los cómics no se produjo de manera casual ni de espaldas a la sociedad en la que se consumían. Por lo tanto, podemos señalar como primer factor a tener en cuenta un aumento constante de los delitos violentos en la sociedad estadounidense, lo que por un lado ayuda a normalizar la violencia en los medios de masas. Un segundo elemento a tener presente será la creación de antihéroes cinematográficos cuya impronta rápidamente se dejará sentir en los cómics, los cuales acabarán evolucionando en muchos casos hacia los personajes hipermasculinizados, cuyo poderío físico y pasión por la violencia contrastará con su falta de compasión; por lo tanto, los medios de masas en general y los cómics en particular no solamente van a ser un reflejo de una sociedad con más atracos, violaciones y asesinatos, sino que también va a reinventar a sus superhéroes para afrontar esta situación, combatiendo de este modo el fuego con fuego, empleando la violencia a modo de venganza y al mismo tiempo solución. Finalmente, fruto de la política de incentivos por ventas, muchos autores y editores apostarán por utilizar este tipo de personajes, ya que pueden ayudar a subir las ventas de las series. De este modo, comprobamos que el contenido de los cómics no se debe solamente a los intereses de los autores, sino también a circunstancias particulares del negocio, a la influencia de otros medios y, obviamente, a la situación social que envuelve a autores y consumidores.

Sin embargo, a partir de medidos de los años noventa vemos un declive de los antihéroes y los personajes hipermasculinizados. Nuevamente no podemos limitarnos a buscar una respuesta exclusivamente en la industria del cómic, sino que es necesario asumir una perspectiva más amplia: la reducción del número de crímenes violentos coincidirá con el agotamiento de este tipo de personajes, empleados hasta la saciedad durante dos décadas, como refleja el éxito que ante la crítica van a tener los nuevos planteamientos de autores como Alan Moore, Paul Dini o Kurt Busiek. Además, la propia crisis de la industria del cómic motivará la búsqueda de nuevos modelos, lo que favorecerá nuevos modelos que, sin renunciar a la violencia y los antihéroes, ya no los conviertan en el centro de las tramas ni en el gancho para atraer al público.

III. Superheroínas y feminismo:
Una comparación entre el orígen de Wonder Woman y su representación cinematográfica

Bianca Sánchez Gutiérrez

> «Ten cuidado con el mundo de los hombres, Diana
> Ellos no te merecen»
> (Hipólita de Temiscira, Wonder Woman)

Esta es la historia de una mujer que fue tan deseada que incluso su nacimiento fue cosa de los dioses. Cuenta la leyenda que Hipólita, reina de las Amazonas, deseaba tanto una hija que la moldeó en arcilla y suplicó a los dioses que existiera. Afrodita oyó los ruegos de Hipólita e insufló vida a la obra de la reina, de la que nació Diana, princesa de las Amazonas.

Cuando se cumplen 75 años del nacimiento del personaje de Wonder Woman, las salas de cine de todo el mundo se llenan para ver la primera gran producción de la superheroína más popular de todos los tiempos (Wonder Woman es el personaje de *comic book* que se ha seguido publicando con mayor frecuencia junto a Batman y Superman) –con permiso de Catwoman, Tormenta o Elektra, que sí han tenido mayor presencia en la pequeña y en la gran pantalla–.

Tras *Batman v Superman: el Amanecer de la Justicia* (2016), una muestra de lo que está por llegar[1], DC Entertainment y Time Warner (Warner Bros. Pictures) pusieron en marcha su maquinaria y los balances en taquilla han superado todas las expectativas. No en vano la promoción de la película hasta su estreno ha sido realmente llamativa, pues pudimos ver a Gal Gadot (la actriz protagonista de *Wonder Woman*) en multitud de periódicos digitales, portadas de revistas, paradas de autobús y metro. Incluso la red social Twitter creó un icono *ad hoc* de la superheroína que aparecía automáticamente al incluir en un *tweet* el *hashtag* #*WonderWoman*. Una promoción digna de una superproducción hollywoodiense a la que se le sumaba también la perspectiva sobre el papel que cumpliría el *film* con respecto a la lucha feminista, cuyas expectativas crecieron al conocer, no solo que era el primer *blockbuster* de una superheroína, sino que éste estaría dirigido por una mujer. Así, creemos pertinente plantear la siguiente pregunta: ¿Está la película *Wonder Woman* llamada a ser una vindicación de los derechos de las mujeres y una lucha contra el patriarcado? (Entenderemos el patriarcado como lo define Amelia Valcárcel: «el orden sociomoral y político que mantenía y perpetuaba la jerarquía masculina», 2008: 98).

En el presente capítulo nos proponemos dar respuesta a esta cuestión analizando la cinta desde un enfoque crítico y comparándola con la propuesta original del creador de la superheroína de cómic, William Moulton Marston. Para ello, expondremos en primer lugar una definición y las características principales del

---

[1] La película *Batman v. Superman: el Amanecer de la Justicia* (2016) está protagonizada por los miembros de la así llamada Trinidad (Batman, Superman y Wonder Woman). Esta producción ha sido la primera de la serie que está preparando Time Warner para los próximos años, en los que veremos en la gran pantalla a *La Liga de la Justicia: parte 1* (2017) –integrada de nuevo por los superhéroes que conforman La Trinidad, más Flash, Aquaman y Cyborg– y, al menos, una secuela de Wonder Woman (sin fecha confirmada), así como *Aquaman* (2018), *The Flash* (2018), *Shazam* (2019), *La Liga de la Justicia: parte 2* (2019) y *Cyborg* (2019), como parte del DC Extended Universe (un equivalente al ciclo cinematográfico Marvel Cinematic Universe) (Barredo, 2016).

feminismo en tanto que ideología política, para pasar después a contextualizar a Wonder Woman (tanto en lo relativo a su creación como a la situación del movimiento feminista en la década de 1940). El análisis del *film* también está precedido por una aproximación a diferentes autores que han apuntado las dimensiones feministas del personaje.

Las raíces de Wonder Woman:
como Superman, pero buena y bella

Wonder Woman es hija de Hipólita, reina de las amazonas, y sobrina de Antíope. Diana, como realmente se llama, es una princesa amazona que nació y creció en la isla de Temiscira, un paraíso oculto para proteger a las amazonas de Ares, el Dios de la Guerra, y de Hércules, quien ejerció esclavismo sobre ellas. Bajo un sistema matriarcal, vivían en paz preparándose para ser las más feroces guerreras ante un riesgo de peligro inminente, por si Ares volvía a atacarlas. Según las historietas originales, un día cualquiera en plena II Guerra Mundial, el avión del espía aliado Steve Trevor cae al mar en la costa de Temiscira y Diana acude al rescate. Tras velar por su recuperación, ella abandona Isla Paraíso para luchar junto a él por la democracia en Estados Unidos (Se suelen establecer paralelismos en la cuestión patriótica de Wonder Woman y del Capitán América, donde entra en juego el poder de los superhéroes como formato propagandístico [Murray, 2011]). Al respecto, Marston quería que Wonder Woman fuera un personaje absolutamente patriótico. Como resultado de esta idea, pidió a H. G. Peter que dibujara un personaje cuya ropa incluyera los emblemas de la bandera estadounidense: los colores rojo, azul y blanco, las estrellas y el águila calva (Lepore, 2015: 196). Otro ejemplo de propaganda —en este caso, negativa— en Wonder Woman es la representación del antagonista, Ares, como símbolo del ejército nazi de Adolf Hitler). Una vez en la sociedad civil, Wonder Woman adopta la figura de una mujer normalizada llamada Diana Prince y llega a ejercer como embajadora de Temiscira en Estados Unidos.

Wonder Woman fue creada en 1941 (en el contexto de la II Guerra Mundial) en Estados Unidos por William Moulton Marston (1893–1947), doctor en Psicología por la Universidad de Harvard y profesor de la Universidad Americana de Washington D.C. y de la Universidad de Tufts (Massachussets). Además de trabajar en el polígrafo de la verdad –hazaña que se verá reflejada en la historia de Wonder Woman con el lazo de la verdad como una de sus armas más poderosas–, la obra de Marston contribuyó con interesantes avances en el campo de la psicología. En este contexto, es imposible comprender la génesis de la superheroína sin conocer la historia personal de su creador. Marston estaba casado con Elizabeth Holloway, licenciada en Derecho por la Universidad de Boston, institución donde se inscribió tras ser rechazada en Harvard por ser mujer. El núcleo familiar también lo conformaba Olivia Byrne, alumna y asistente de investigación de Marston en la Universidad de Tufts, con quien mantuvo una relación. Holloway aceptó la relación entre su marido y Byrne, por lo que convivieron a partir de entonces y formaron una gran familia. Fue Holloway quien sugirió a Marston la idea de crear una superheroína

> To set up a standard among children and young people of strong, free, courageous womanhood; to combat the idea that women are inferior to men, and to inspire girls to self-confidence and achievement in athletics, occupations and professions monopolized by men» (Lepore, 2014).

Así, se materializó la propuesta a principio de la década de 1940, gracias a los guiones de Marston (quien firmaba bajo el pseudónimo de Charles Moulton) y a las viñetas de Harry G. Peter. Según Lepore, el aspecto físico de Wonder Woman estaba inspirado en

Byrne. Sin ir más lejos, Byrne lucía unos brazaletes de plata que acabaron siendo los socorridos brazaletes metálicos y antibalas de la superheroína, sobre los que se ha teorizado continuamente en relación con la simbología de la sumisión y el *bondage*, motivo recurrente de Marston. Chuck Tate aclara que en la época de sus creadores, Wonder Woman lucía unos brazaletes que demostraban sumisión, en efecto, pero «a la paz, la moderación y el buen juicio», dado que Marston manejaba un concepto diferente de la sumisión del que tenemos en la actualidad (2008: 156).

Ilustración 1. Una de las viñetas de la versión original de Wonder Woman, con guion de Charles Moulton y dibujo de Harry G. Peter.

Para Marston, la visión de la mujer en la sociedad era ampliamente feminista, principalmente debido a que se rodeaba de mujeres sufragistas y activistas del feminismo. Lepore revela que Margaret Sanger, una de las feministas más influyentes del siglo XX, era parte de la familia de Marston, concretamente la tía materna de Byrne (2015: 112). En un texto del psicólogo publicado en la revista *The American Scholar*, Marston desarrolló las siguientes consideraciones en las que ya dejaba entrever su opinión prácticamente supremacista del sexo femenino:

> The most important ingredient in the human happiness recipe still is missing [in comics] –love. It's smart to be strong. It's big to be generous. But it's sissified, according to exclusively masculine rules, to be tender, loving, affectionate, and alluring. «Aw, that's girl's stuff!» snorts our young comics reader. «Who wants to be a girl?» And that's the point; not even girls want to be girls so long as our feminine archetype lacks force, strength, power. Not wanting to be girls they don't want to be tender, submissive, peaceloving as good women are. Women's strong qualities have become despised because of their weak ones. The obvious remedy is to create a feminine character with all the strength of a Superman plus all the allure of a good and beautiful woman. This is what I recommended to the comics publishers. (Marston (1943–1944: 8-9).

Si tenemos en cuenta, de nuevo, el contexto histórico en el que Marston plantea la creación de un personaje femenino para el mundo del cómic, podemos hacernos una idea del origen feminista con el que se proyectó la figura de Wonder Woman. Una carta de Marston fechada en 1945 resumía la idea inicial del autor: «Frankly, Wonder Woman is psychological propaganda for the new type of woman who should, I believe, rule the world» (Finn, 2014: 7). En este contexto, resulta interesante que este proyecto de nueva mujer fuese bien recibido desde un punto de vista comercial:

Las ventas de la serie regular de Wonder Woman oscilan durante sus primeros años de publicación en torno al medio millón de ejemplares por número, lo que, en 1945, su creador, William Moulton Marston, cifra a su vez en dos millones y medio de lectores, uno de cada sesenta estadounidenses (McCausland, 2017a: 25).

De Seneca Falls a la Mujer Moderna: Una aproximación al feminismo estadounidense

A principio de la década de 1940, época de nacimiento de Wonder Woman, el movimiento feminista pasaba por una de sus épocas de menor intensidad. Los años 30 habían sido bastante fructíferos para el movimiento, principalmente en el mundo anglosajón, puesto que el voto, el acceso a la enseñanza superior y el divorcio eran ya un derecho para esas mujeres. En el caso concreto de Estados Unidos, situamos el origen de esta etapa en el primer encuentro sobre los derechos de la mujer con la Convención de Seneca Falls en 1848, casi un siglo antes de la primera aparición de las historietas de Wonder Woman. La lucha feminista estadounidense de mediados del S.XIX se fusionó en la práctica con el movimiento de liberación de los esclavos. Así, según narra Pérez Garzón, «destacó la gira de conferencias que en 1837 realizaron las hermanas Sarah y Angelina Grimké, de familia propietaria de esclavos, pioneras en luchar contra la esclavitud y también por la igualdad de sexos, uniendo los dos sistemas de opresión como asunto común» (2011: 91–92). Con la caída del Antiguo Régimen y la victoria de las revoluciones liberales, el nuevo sistema defendía un contradictorio pacto social que reservaba privilegios al hombre sobre la mujer, quedando relegadas a la esfera privada, donde tampoco eran libres. Así, nace el movimiento sufragista en Estados Unidos, liderado por Elizabeth Cady Stanton (1815–1902) y Susan B. Anthony (1820–1906), y organizado a través de varias asociaciones que exigieron reformas que garantizaran el derecho al voto de la mujer, así como la igualdad formal, la universalización de derechos y el acceso libre a la educación, sin distinción por raza o clase social. En 1918, el presidente Woodrow Wilson (1856–1924) promovió la 19ª enmienda, que permitía la participación electoral de las mujeres a partir de 1920.

Durante la Primera Guerra Mundial (1914–1918) y la Segunda Guerra Mundial (1939–1945), las mujeres fueron llamadas a ocupar los puestos en las cadenas de producción que los hombres habían dejado vacantes para salir a los campos de batalla. Así, la maquinaria propagandística de los estados alentó a las mujeres a asumir el papel de salvadoras de sus propias naciones. En consecuencia, la lucha emancipadora feminista se resintió y cejó en sus exigencias hasta los períodos de posguerra, cuando se vieron relegadas de nuevo al ámbito doméstico con la reincorporación de los hombres a sus puestos de trabajo, de los que sencillamente fueron expulsadas «por medio de una disuasión optimista en la cual las revistas femeninas tuvieron un gran protagonismo» (Valcárcel, 2008: 94). Como consecuencia,

> Surgió esa mujer moderna que marcaría el resto del siglo XX, una mujer que expresaba, por un lado las ventajas sociales logradas por las luchas feministas previas y por los avances tecnológicos y, por otro, se adaptaba a una nueva división de tareas y oficios según el sexo, con ribetes conformistas (Pérez Garzón, 2011: 141).

En medio de esta nueva contradicción en la lucha de las mujeres, es especialmente interesante el uso del lenguaje feminista para cuestiones propagandísticas y de *marketing* través de los medios de comunicación o la cultura de masas, concretamente en el caso del cine.

> El cine, sin duda, se convirtió en el principal propagandista de este modelo de mujer americana emancipada.

No era un discurso elaborado al modo habitual dentro de la militancia feminista, sino que se incluyó bajo el envoltorio del consumismo. Por eso, aparentemente perdió su carácter reivindicativo, pues se presentó ante todo como el resultado de los avances económicos y tecnológicos, pero en la práctica difundió por el mundo occidental un ejemplo a seguir (Pérez Garzón, 2017: 145).

A la luz de estos datos, que no se aportan en este capítulo de manera baladí sino explicando de una manera muy superficial (y probablemente injusta) una parte de la historia del feminismo, pueden el lector y la lectora hacerse una idea de la fuerza que el movimiento emancipador femenino tuvo en la sociedad estadounidense, por lo que no es casual que una mujer pudiera llegar a ser una superheroína de ficción, y que ésta idea se viera reconocida con un éxito de ventas.

La unión y desunión entre Wonder Woman y el feminismo

Un aspecto importante que hay que tener en cuenta en el análisis de la película es que ya hay quien ha apuntado los vínculos existentes entre Wonder Woman y el feminismo. Así, en el libro *Wonder Woman: el feminismo como superpoder* (2017), donde Elisa McCausland expone de manera muy acertada la simbiosis incontestable entre la lucha feminista y Wonder Woman, se recuerda la cita de la profesora estadounidense Jill Lepore: «Wonder Woman es el eslabón perdido de una cadena de eventos que empieza con las campañas de las mujeres sufragistas a principios del siglo XX y termina con el convulso estado del feminismo cien años después». Como asegura McCausland, «la primera etapa del cómic, firmada por William Moulton Marston y el dibujante Harry G. Peter es una apología del feminismo amazónico: relaciona el apelativo que la prensa dedicaba a las primeras sufragistas, amazonas» (2017a: 15). En una entrevista para un reportaje sobre el feminismo en el cómic en la *web Eslang*, la misma McCausland sostiene que Wonder Woman, que nace «de una idea entre feminismo amazónico y feminismo sufragista», era un intento de inculcar en las mujeres la idea de su incorporación al mercado laboral, de la libre elección de la reproducción y de la soro- ridad, rechazando también la concepción del crecimiento femenino a través del hombre, sino de sí misma y de sus iguales. De hecho, Lepore vincula a Cady Stanton con el feminismo amazónico, pues ella defendía que existían precedentes históricos del matriarcado (2014: 3). La autora insiste en el compromiso feminista de Marston: «Todo en las primeras aventuras de Wonder Woman, en su etapa como personaje escrita por Marston entre 1941 y 1947, es política feminista, sin igual en la historia de la cultura popular, en el desarro- llo del cómic industrial o en el instalado en *los márgenes*» (2017a: 29).

Tras la muerte de Marston en 1947, llegaron nuevos guionistas y el personaje, inevitablemente, cambió. Uno de los elementos de Wonder Woman que se vieron sacrificados en las nuevas etapas fue, preci- samente, el del feminismo. Para Lepore, «feminism made Wonder Woman. And then Wonder Woman remade feminism, which hasn't been altogether good for feminism» (2015: 13). Michelle R. Finn explica que las mujeres de la segunda ola feminista veían a Wonder Woman como «a real icon, admired for her strength, courage, and can–do attitude that stood as a welcome alternative to the more con- ventional model of femininity with they grew up» (2014: 7). En ese sentido, Lepore reprueba que las sufragistas tuvieran como ejemplo a una Wonder Woman cuyas nuevas historietas ya se habían vendido a la lógica mercantil, dejando a un lado el sentido feminista que los autores de su primera época sí mantenían: «Wonder Woman ha permeado la cultura popular americana, pero sus raíces feministas han sido arran- cadas en gran medida del personaje» (Lepore en McCausland, 2017a: 51). Es especialmente llamativo el giro que le dio con sus guiones Dennis O'Neil. Por ejemplo, en el número 179 de Wonder Woman, publicado en noviembre de 1968, la superheroína pierde sus poderes y su traje para poder quedarse en el mundo de los hombres ayudando a Steve Trevor. En su lugar, Diana deja de ser Wonder Woman, continúa combatiendo el crimen pero con artes marciales como su única arma, y abre una tienda de ropa como centro de operaciones que utiliza como tapadera (2017a: 101). Que Wonder Woman renunciara a sus poderes en pleno resurgir del movimiento feminista no gustó nada a Gloria Steinem, periodista feminista referente de la segunda ola, quien reivindicó el retorno de la superheroína genuina con la publicación en 1972 del primer número de la revista femenina *Ms.*, cuya portada mostraba Wonder Woman con su traje acompañada por un titular que rezaba: «Wonder Woman for president» (2017a: 108–109).

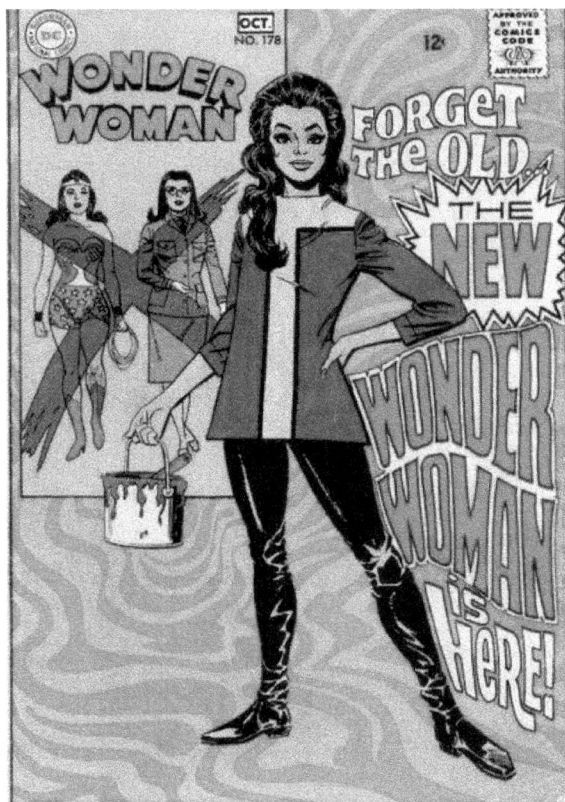

Ilustración 2: *Wonder Woman* #178 (Octubre, 1968). Guion de Dennis O'Neil y dibujo de Mike Sekowsky.

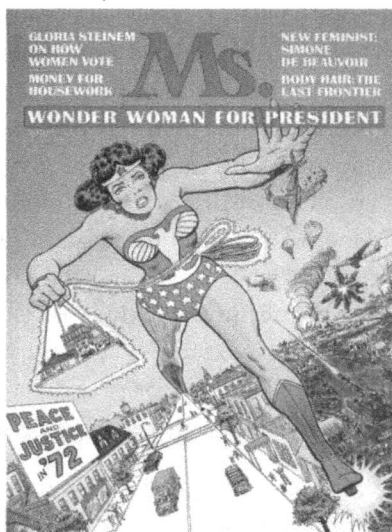

Ilustración 3: Portada de la revista Ms., julio de 1972.

En las siguientes épocas, las historietas vuelven a cobrar un enfoque feminista con la llegada de autores como Greg Rucka. Es el caso de la historia *Batman / Wonder Woman: Hiketeia* (ECC Ediciones, 2016), que se presenta en una portada cargada de simbolismo –en su edición española– donde una nostálgica Diana –que terminará venciendo a Batman en una lucha cuerpo a cuerpo por defender la vida de una mujer– se lamenta por el orden hegemónico del mundo de los hombres:

DIANA/WONDER WOMAN: Esta noche hace frío. Nunca hizo tanto frío en Themyscira [Temiscira]. Hay épocas en las que quiero tanto volver a casa que me duele. Épocas en las que renunciaría a mi título de embajadora y fingiría llevar una vida sencilla. Sin obligaciones, sin compromisos ni lealtades. Una vida en la que solo fuera Diana y no la Wonder Woman del mundo patriarcal (pág. 5).

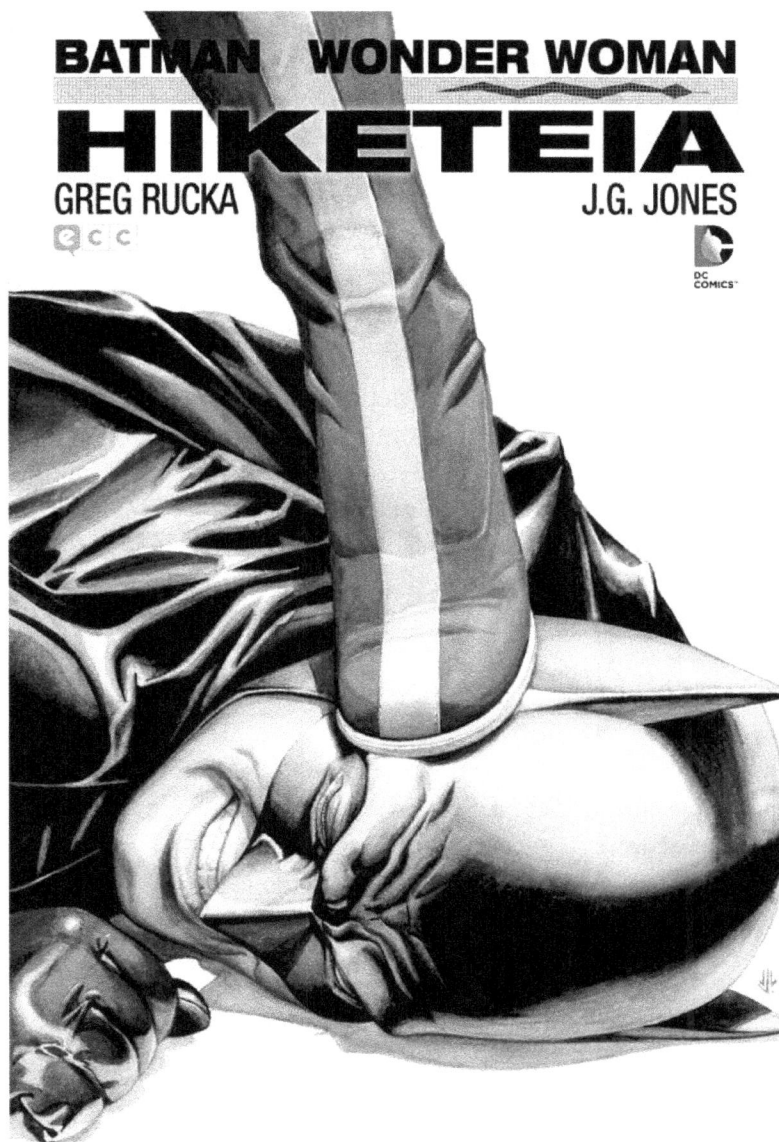

Ilustración 4: Portada de la versión de ECC de *Hiketeia*,
guion de Greg Rucka y dibujos de J. G. Jones.

El aspecto físico y la vestimenta de Wonder Woman han sido una crítica continua cuando se trataba de enfrentar la idea de Marston con la cosificación de la mujer, contraria a cualquier tipo de concepción feminista y a favor de mantener estereotipos de género. En su origen, las viñetas de Peter —a petición de Marston— mostraban a una mujer alta, de cuerpo musculoso y esbelto, de aire *pin–up*. No obstante, esta es una cuestión que tiene que ver con el carácter de Wonder Woman, según explica Tate, ya que en la sociedad estadounidense de 1940 se esperaba que la mujer asumiera un carácter pasivo, mientras que la agresividad era asunto del hombre. En el caso de Wonder Woman, Tate defiende que la agresividad de la guerrera marca el aspecto físico que sus creadores le otorgan: «if women are too 'masculine' (e.g. strong) then they *must be* feminine (e.g. sexy) to 'balance out' the gender streotype. I argue that Wonder Woman is (unfortunately) no exception to this balancing» (2008: 156). Ahondando en la concepción de la figura femenina en el cómic, Díez Balda mantiene una posición crítica:

> Son una copia descarada de los [cómics] de super-hombres con el aliciente añadido de la belleza y el erotismo […]. [Las superheroínas] son osadas como los hombres pero en sus actitudes o en las palabras que acompañan al texto se mantienen estereotipos de género al asignarles especial sensibilidad ante el dolor ajeno, mayor capacidad para la piedad y para el amor (2011: 27).

La cuestión de la belleza física es un tema sujeto a debate en el movimiento feminista, pues existen diferentes enfoques acerca de su interpretación. Es conveniente preguntarse entonces si la estética de Wonder Woman es un acierto o una cuestión contraproducente en la concepción feminista de su origen, en tanto que se impone un determinado canon de belleza pretendidamente sexualizado de la mujer. (Para ampliar información acerca de las teorías feministas que rechazan la imposición de determinada estética y canon físico a las mujeres, se recomienda consultar la obra de Naomi Wolf *El mito de la belleza,* Emecé, 1991). En un mundo eminentemente masculino y masculinizado, como es el del cómic de superhéroes, la idea de la sexualización de la figura femenina cobra un sentido relevante. En 75 años de dibujos, el cuerpo de Wonder Woman ha sido más o menos explosivo al albur de la intención de los ilustradores. Al respecto, rescatamos los argumentos del dibujante Adam Hughes: «El sexo vende. Esta verdad se aplica a la televisión, a las películas, a los puestos de chucherías y hasta a la Biblia; la aparición de una chica guapa siempre contribuirá a vender cualquier producto» (Hughes, prólogo a L. Simonson, 2016).

La controversia sobre el aspecto de la superheroína fue, de hecho, un argumento para cesar su cargo como embajadora de la ONU. En 2016, la Organización de las Naciones Unidas nombró a Wonder Woman embajadora honorífica por su lucha por la igualdad entre hombres y mujeres. Tan solo dos meses más tarde, la organización daba marcha atrás al nombramiento debido a las numerosas quejas de internautas que rechazaban a este icono del cómic por considerarlo excesivamente sexualizado, lo que podía llegar a representar un papel indeseado hacia mujeres y niñas. Según *EcoDiario.es*, en total se registraron unas 45.000 firmas de internautas que secundaban la petición de retirar el título de embajadora honorífica de la ONU a Wonder Woman. En la carta que acompañaba a las firmas se podía leer lo siguiente: «Es alarmante que Naciones Unidas considere el uso de un personaje con una imagen abiertamente sexualizada en un momento en que las noticias principales de Estados Unidos y el mundo son sobre la objetivación de mujeres y niñas». Precisamente, esta opinión que secundaron unos 45.000 usuarios colisiona con la idea original de Marston, quien planteó el personaje con claras intenciones educativas hacia las niñas y emancipadoras hacia las mujeres. Según el guionista de cómics Grant Morrison,

Marston vio en los cómics el potencial para transmitir ideas complejas por medio de historias simbólicas emocionantes y violentas, y describió la enorme capacidad educadora de este género en un artículo titulado 'Don't laugh at the Comics', publicado en 1940 en la popular revista femenina *Family Circle*, que le acabaría valiendo un puesto como asesor educativo en DC–National Comics (2012: 63–64).

Ilustración 5: Una niña lee uno de los comics de Wonder Woman. Justo encima, un cartel advierte de que ese es un espacio donde las mujeres están trabajando. Autor desconocido.

El nuevo superpoder de Wonder Woman:
La mujer invisible en Batman v Superman

Como prólogo a la película que nos ocupa, apuntaremos que Wonder Woman ya se estrenó en la gran pantalla en 2016 con la película *Batman v Superman: el Amanecer de la Justicia* (*Batman v Superman: Dawn of Justice*), dirigida por Zack Snyder y producida por Charles Roven y Deborah Snyder para DC Entertainment y Warner Bros. Pictures. Desde que se publicó que Ben Affleck asumiría el papel de un Batman magistralmente interpretado en anteriores ocasiones por Christian Bale, la polémica de la cinta estuvo servida. Aun así, el ingreso en taquilla funcionó y las perspectivas de cara a futuras superproducciones con otros héroes de DC fueron esperanzadoras.

Como ya mencionamos en anteriores páginas, es en este *film* donde Gal Gadot se estrena encarnando el papel de Wonder Woman. A pesar de que su aparición se reduce a unos cuantos minutos en pantalla, el rol de la superheroína es esencial para la resolución de la lucha final, para vencer junto a Batman y Superman a Doomsday, una monstruosa creación del villano Lex Luthor, siendo ella la que más tiempo batalla. Aun así y teniendo en cuenta que Wonder Woman es uno de los tres pilares de la llamada Trinidad de DC (Superman, Batman y Wonder Woman), la heroína no aparece en el título de la película, ni en el cartel, ni en la portada del DVD, aunque sí en su contraportada, donde luce en una imagen superpuesta a sus dos compañeros. Wonder Woman se convierte así en la mujer invisible, relegada a un segundo plano. Definitivamente, esta decisión va en contra de cualquier tipo de lógica feminista, pues relegar a una mujer con un papel importante en la película y en la historia de DC a una contraportada es muestra suficiente para considerar determinante el enfoque patriarcal que Snyder imprime a la cinta.

Ilustración 6: Contraportada y portada del DVD original de la película *Batman v Superman: Dawn of Justice*, donde se puede ver a Wonder Woman a la izquierda, pero no a la derecha. DC Entertainment / Time Warner.

En esta película también aparecen los superhéroes Aquaman (protagonizado por Jason Momoa), The Flash (Ezra Miller) y Cyborg (Ray Fisher), aunque fugazmente a través de unos vídeos que Batman descubre al analizar archivos de Lex Corp., y que posteriormente envía a Wonder Woman. Carente de sentido narrativo, todo parece indicar que esta secuencia no es más que una píldora de avance de la película sobre el supergrupo La Liga de la Justicia, prevista para 2018, y del resto de cintas individuales de Aquaman, The Flash y Cyborg.

Dentro del relato, Wonder Woman necesita recuperar una fotografía en la que aparece en una batalla durante la I Guerra Mundial (en Bélgica en 1918) que revelaría su verdadera identidad. Sus sospechas se ciernen directamente sobre Lex Luthor. La primera aparición de la superheroína en la película tiene lugar durante el primer tercio de la misma, en medio de una ceremonia de homenaje a la filantropía de Luthor. En la congregación están también por separado Bruce Wayne (Batman) y Clark Kent (Superman). Unos segundos después, Clark se acerca a Bruce para hacerle algunas preguntas para el *Daily Planet*, y al pasar por su lado una Diana Prince todavía anónima para el espectador, Bruce se fija en su aspecto físico y le dice al periodista:

> BRUCE WAYNE (BW): ¡Wow! Qué monada. No puedo evitarlo. No lo publique, ¿de acuerdo?

A tenor de sus palabras, observamos que formular un comentario machista como este resulta bochornoso hasta para el propio Bruce, quien le pide a Clark Kent que no lo publique en su diario. En una segunda aparición, Bruce busca a Diana en una fiesta, y cuando ella le confiesa que no ha podido encontrar la fotografía que estaba buscando porque los archivos a los que ha tenido acceso tenían una encriptación militar que no ha conseguido descifrar, mantienen la siguiente conversación:

> BW: Apuesto a que con ese vestido nueve de cada diez hombres le consentirían cualquier cosa.
> DIANA PRINCE (DP): ¿Y usted es la excepción?
> BW: Me da que soy el único que no se fía de esa cara de niña buena. Usted no me conoce, pero yo he conocido a muchas como usted.
> DP: Dudo que haya conocido a una mujer como yo. Es verdad lo que dicen de los chicos: nacen sin esa tendencia natural a compartir. No le he robado el *pen drive*, lo he tomado prestado. Lo encontrará en la guantera de su coche.

Tanto el primer comentario como esta conversación demuestran la actitud reprobable por discriminatoria que Bruce ejerce sobre Diana por el simple hecho de ser mujer, a quien juzga por su imagen y por su vestimenta. Es igualmente interesante el comentario que realiza Diana sobre el egoísmo propio de los hombres, que adelanta algo del carácter feminista que se debería esperar del personaje de Wonder Woman. En lo sucesivo, Bruce desencripta la información y comparte por correo electrónico la fotografía con Prince, bajo el asunto «los chicos también comparten». Tras esta revelación, Prince decide volver a París –donde reside–, pero se baja del avión *in extremis* para ayudar a Batman y a Superman en la pelea contra Doomsday, llegando incluso a salvar la vida a Batman, ya sí caracterizada como Wonder Woman. Es significativo cómo Snyder prepara a la audiencia para la película en solitario *Wonder Woman*, pues en las escenas de lucha en las que aparece la superheroína suena de fondo el tema principal de la banda sonora original de la película (*Wonder Woman's Wrath*, compuesto por Rupert Gregson–William), que se presentaría un año después.

Resulta evidente, a tenor de lo comentado, que en esta película no hay perspectiva de género, sino todo lo contrario. Esto queda demostrado al presentar recursos de cierto carácter machista, como por ejemplo, la alusión continua a la belleza del personaje por encima del resto de sus atributos o la invisibilidad de la importancia de Wonder Woman en la portada o en el título del *film*.

Wonder Woman: un intento por feminizar los blockbusters

En este apartado procedemos a centrarnos en el objeto de estudio principal de este capítulo. Contextualmente, hay que partir de que, mientras que el imperio DC / Time Warner ha producido durante décadas decenas de productos audiovisuales protagonizadas en solitario por Batman y Superman, los fans de la superheroína han tenido que aguardar hasta la primavera de 2017 para poder ver una cinta en la que el centro de atención fuera la historia de Wonder Woman. Lepore plantea su propia teoría para explicar que esta demora haya tenido lugar: «Superman owes a debt to science fiction, Batman to the hardboiled detective. Wonder Woman's debt is to feminism. [...] Wonder Woman is so hard to put on film because the fight for women's rights has gone so badly» (2014).

Ciertamente, la superheroína protagonizó hasta la fecha otras producciones para televisión, siendo la más conocida la serie de aire *kitsch Wonder Woman* (en España y Latinoamérica, *La Mujer Maravilla*), transmitida en las cadenas estadounidenses ABC y CBS entre 1975 y 1979, e interpretada por Lynda Carter. Además de series y películas animadas, se filmaron algunos proyectos con Wonder Woman como protagonista que, en líneas generales, no llegaron a triunfar.

Wonder Woman se exhibió por primera vez en Shanghái en mayo de 2017, en Estados Unidos el 2 junio y en España el día 23 de ese mismo mes. Producida por Charles Roven y Zack y Deborah Snyder para DC Entertainment y Warner Bros. Pictures, fue la primera película protagonizada por una superheroína y la primera película de superhéroes dirigida por una mujer, Patty Jenkins (directora en el año 2003 de *Monster* una cinta alabada por la crítica y por las academias de cine estadounidenses gracias, en parte, a la actuación de la protagonista, Charlize Theron), lo cual podría tener algún interés desde una óptica feminista. Las cifras y la crítica coincidieron: un éxito casi a la altura de la laureada *Batman: el Caballero Oscuro*, alcanzando los 800 millones de dólares de recaudación a nivel mundial tan solo dos meses después de su estreno (Gimeno, 2017). En cuanto a la representación en pantalla de Wonder Woman, hay que tener en cuenta que la elección por DC Films de Gal Gadot como encarnación de la superheroína no es casual. Israelí nacida en 1985, esta actriz y modelo formó parte de las filas del ejército de las Fuerzas de Defensa de Israel, donde combatió durante dos años en la Guerra de Líbano en 2006. Esto provocó todo tipo de críticas por la opresión que las fuerzas armadas israelíes han ejercido sobre el pueblo palestino. Tal fue la repercusión sobre la aparición de Gal Gadot en la película, que el Ministro de Interior de Líbano prohibió a las salas de cine del país la proyección de la cinta (la noticia apareció en varios medios, entre ellos www.aljazeera.com). No es difícil creer que el origen militar haya sido un aliciente a la hora de contar con Gadot para el papel de la mejor guerrera de Temiscira.

Narrativamente, *Wonder Woman* se sitúa como precuela de *Batman v Superman: el Amanecer de la Justicia*. Cronológicamente, la historia se ubica en 1918, en plena I Guerra Mundial. Y es aquí donde encontramos el primer cambio respecto a la historieta original de Marston, pues el autor ubicaba el relato en el momento presente (en plena II Guerra Mundial). Salvando las distancias –como la identidad del Dios que dio vida a Diana, en la película es Zeus mientras que en las historietas es Afrodita–, el guion está inspirado en el #8 de *All Star Comics* y en el capítulo 01x01 de la serie *Wonder Woman* (1975). A pesar de que la película se centra en la historia de cómo Diana se convierte en Wonder Woman al llegar al mundo de los hombres tras abandonar Temiscira, la cinta comienza con una secuencia de introducción que actúa como hilo de unión con *Batman v Superman*. En esta secuencia se ve a Diana entrando en el museo parisino del Louvre y un camión de Wayne Enterprises (la compañía de Bruce Wayne) que transporta la imagen original que Wonder Woman buscaba en la película de 2016.

A modo de resumen, la película muestra que Diana de Temiscira (Gal Gadot) es hija de la reina de las amazonas, Hipólita (Connie Nielsen) y de Zeus, quien creó Isla Paraíso para dar un lugar en el que vivir y protección a todas las amazonas y esconderlas de Ares, el Dios de la Guerra (David Thewlis). Mientras Diana aprende el arte del combate gracias a la instrucción de su tía Antíope (Robin Wright), el avión de Steve Trevor (Chris Pine), un capitán estadounidense que colabora con el Reino Unido espiando al ejército alemán, cae al mar en la costa de Temiscira, lo que provoca que los alemanes que querían capturarle lleguen igualmente a la isla. Diana rescata a Steve de morir ahogado y la isla es atacada por los alemanes. Aunque las amazonas consiguen defenderse, muchas de ellas caen en la batalla. Steve cuenta a las amazonas que en Europa se está disputando la Gran Guerra y Diana decide marcharse con él a Londres para acabar con el Dios de la Guerra, a sus ojos, causante de todos los conflictos bélicos. Una vez en Londres, Steve cuenta a sus superiores lo que ha descubierto espiando a los alemanes: la Dra. Veneno (Elena Anaya) y el General Ludendorff (Danny Huston) están diseñando un arma letal a base de gas mostaza y pretenden utilizarlo en la fiesta que anuncie el armisticio de la I Guerra Mundial. Diana exige a Steve que la guíe hasta la primera línea de combate para enfrentarse directamente a Ares y el soldado recluta a tres compañeros más –Sameer (Saïd Taghmaoui), Charlie (Ewen Bremner) y Jefe (Eugene Brave Rock)– para que les ayuden en su tarea. Al ver la pobreza en los ojos de mujeres y niños hambrientos en el frente, Wonder Woman toma el mando y ataca una trinchera alemana para salvar a un pequeño pueblo, permitiendo que las tropas británicas puedan avanzar. Tras finalizar con éxito la primera batalla, surge una historia romántica entre Diana y Steve. Al día siguiente acuden a la gala y ambos se infiltran como invitados en la fiesta. Allí Diana mantiene una tensa conversación con el General Ludendorff, llegando incluso a sospechar que él es Ares. Finalmente lucha contra él y acaba con su vida, pero al ver que su ejército sigue con el plan de expandir el gas mostaza, Steve intenta convencerla de que la guerra es cosa de humanos y le pide ayuda para parar el plan de Ludendorff y la Dra. Veneno, a lo que ella se niega porque considera que los humanos no merecen su esfuerzo. Steve se marcha y aparece su jefe (David Thewlis), quien confiesa ser el auténtico Ares. Comienza una lucha entre ellos, y Ares intenta convencer a Diana de que ceje en su empeño de salvar al mundo, pues éste no tiene salvación. Steve se da cuenta de que el avión que transporta las bombas de gas mostaza tiene un temporizador y él, al ser el único que sabe pilotar, decide entregar su vida para evitar que el avión explote sobre

Londres. Steve se despide de Diana diciéndole que la ama y que ojalá tuvieran más tiempo. Ella continúa con la lucha contra Ares, quien está a punto de vencerle cuando ve cómo explota en el aire el avión en el que viajaba Steve, lo que provoca un ataque de ira en la super-heroína y es entonces cuando despliega toda su fuerza y comienza a destruir todo lo que encuentra a su paso. Ares intenta convencerla de nuevo de que se una a él, pues los hombres no la merecen, y le exige que mate a la Dra. Veneno. Ella recuerda entonces las palabras de despedida de Steve y se da cuenta de que no todos los hombres son iguales, así que perdona la vida a la científica y acaba con Ares y, por ende, con la guerra. La siguiente secuencia muestra la felicidad de la población estadounidense ante el fin del conflicto. Finalmente, la película vuelve a mostrar a Diana en su despacho, en el presente, mirando la fotografía en la que aparece ella junto a Steve, Jefe, Sameer y Charlie. Diana le agradece a Bruce Wayne que le haya hecho llegar el maletín. En la última secuencia aparece Wonder Woman sobrevolando París en busca de conflictos que parar.

Un inicio prometedor
y algunas buenas intenciones

Las primeras escenas de Temiscira muestran el duro entrenamiento de las amazonas y sus capacidades como guerreras, enfatizadas por la acertada decisión de Jenkins sobre el uso magistral de la cámara lenta y la belleza de la fotografía. Se trata además de unos 40 minutos repletos de sororidad en el sistema matriarcal que rige Isla Paraíso. Es interesante asimismo la dicotomía entre la reina Hipólita y su hermana Antíope sobre la formación militar —para ellas es literalmente «adiestramiento»— que debe recibir la princesa Diana por el riesgo de guerra contra Ares. La reina muestra una actitud paternalista y sobreprotectora, sin respetar el deseo de la princesa de formarse en combate; mientras que Antíope ayuda a Diana en su preparación al ver sus dotes. En ese sentido, Antíope representa la idea del feminismo emancipador, cuando intenta convencer –finalmente con éxito– a su hermana la reina de que la única manera de proteger a Diana es enseñándole a que ella pueda defenderse por sí misma.

Aunque a lo largo del metraje se observan algunos detalles que quieren mostrar la perspectiva de género o chistes que buscan la complicidad con el público, éstos no terminan de imponerse en la totalidad del discurso narrativo. Una escena cargada de simbolismo es la llegada de Steve Trevor a la costa de Temiscira por accidente. Su avión averiado consigue traspasar el aura de protección de la isla y el comando que le persigue continúa su estela, adentrándose también en la isla. Ante el ataque del ejército alemán («los malos», según Steve), las amazonas inician la batalla para defender la isla y, aunque finalmente consiguen vencer, muchas de ellas son abatidas. Antíope, la representante del feminismo emancipador, es tiroteada al proteger a Diana. Que Jenkins apostara por crear una analogía entre la guerra y el hombre es, sin atisbo de duda, una propuesta acertada respecto a la pretensión feminista del *film*. Del mismo modo, se hace referencia al sistema patriarcal que impera en el resto del mundo que no es Temiscira con el concepto que manejan las amazonas para referirse a él, «el mundo de los hombres».

Una vez fuera de Isla Paraíso, Diana le demuestra a Steve todo su bagaje cultural (conoce multitud de idiomas) y mantienen una breve charla que, de nuevo, pretende mostrar una perspectiva de género, en este caso, acerca de la liberación sexual de la mujer:

STEVE TREVOR (ST): En el lugar del que yo vengo los bebés se hacen de otra forma.

DIANA PRINCE (DP): ¿Hablas de la biología reproductiva?

ST: Sí.

DP: Ya lo sé. Estoy bien informada.

ST. Bueno me refiero a eso y a otras cosas.

DP: A los placeres de la carne…

ST: ¿También los conoces?

DP: He leído los doce volúmenes del *Tratado de los placeres del cuerpo* de Clío.

ST: Los doce, ¿eh? ¿Te has traído alguno?

DP: No te gustarían.

ST: No lo sé, puede que sí.

DP: No, seguro que no.

ST: ¿Por qué no?

DP: Se llega a la conclusión de que los hombres son esenciales para la procreación; pero para el placer, innecesarios.

Consideramos adecuado seleccionar este diálogo entre los personajes porque supone una demostración de la liberación sexual de las amazonas, propia de los postulados feministas acerca de la emancipación de las mujeres. En Londres, Diana escucha a unos soldados que al verla en la calle le gritan «¡buenos días, preciosa!» y también se cuestiona con inocencia el rol de la secretaria de Steve Trevor, Etta Candy (Lucy Davis):

ETTA CANDY (EC): Me presento: soy Etta Candy, la secretaria de Steve Trevor.

DIANA PRINCE (DP): ¿Qué es una secretaria?

EC: Bueno, hago de todo. Voy donde me dice y hago lo que me dice.

DP: En el lugar del que yo vengo eso se llama esclavitud.

Es igualmente interesante esta conversación, pues en ella Diana cuestiona el papel de la secretaria con respecto a la sumisión del trabajo. Así, nos topamos de nuevo con una interpretación feminista de la opresión de la mujer. En otra conversación con Etta, Diana pregunta que cómo es posible que las mujeres peleen con vestidos tan incómodos. Etta le asegura que, aunque a veces le dan ganas de pelear, las mujeres ahí solamente usan sus principios y que así es como esperan conseguir el derecho al voto. Precisamente, otra de las escenas llamativas tiene lugar cuando Steve lleva a Diana a la Cámara del Consejo, en el que se está debatiendo el armisticio. Diana se cuela en la habitación y los hombres, al percatarse de la presencia de una mujer dentro de la sala, muestran su descontento, pero Steve intenta calmar los ánimos diciendo que es su hermana ciega y que se ha perdido. Un poco más tarde, algunos de esos hombres vuelven a encontrarse con Steve y Diana para interpretar las notas del cuaderno de la Dra. Veneno que Steve sustrajo mientras espiaba a los alemanes. Al estar en dos idiomas que los hombres no entienden (Sumerio y Otomano), Diana les echa una mano en la traducción. A pesar de eso, no dudan en descalificarla por ser mujer cuando ella les recrimina que no vayan a tomar partido para defender a los pueblos que están en peligro de ataque por los planes del General Ludendorff. De nuevo, se muestra la denuncia que se hace en la película acerca de la discriminación de la vida política de las mujeres durante el contexto de la I Guerra Mundial, época en la que, aunque ya habían podido acceder al mercado laboral, la mujer todavía no podía participar de la política de manera activa.

«Wonder Woman no es feminista»

Tal y como indicamos anteriormente, Lepore asegura que el éxito de Wonder Woman en el cine depende, a diferencia del caso de sus compañeros Batman y Superman, de la deuda pendiente con el feminismo. Podría suponerse, entonces, que esta cinta debía resarcir esa deuda pendiente; sin embargo, vemos que no es así, que no es suficiente. Si bien es cierto que, como hemos visto, la película presenta ciertos toques feministas y de crítica al patriarcado y a la figura masculina –no hay más que ver cómo se emplea la simbología: cuando aparece el primer hombre en pantalla, llega la guerra a

Isla Paraíso–, el discurso feminista, sin embargo, no consigue ser estructural e imponerse en el argumento. Sin ir más lejos, una de las principales metas de Diana al partir hacia el mundo de los hombres en las historietas es liberar a las mujeres de la opresión patriarcal, y eso es algo que permanece invisible en la película en todo momento. El mito del amor romántico, por ejemplo, está presente desde el inicio hasta el final de la película, teniendo además un papel determinante en el desarrollo de los acontecimientos y en la resolución de la trama principal. Concretamente, la secuencia de la lucha cuerpo a cuerpo entre Wonder Woman y Ares, en la que ella tiene serias dificultades para dominar la batalla, la superheroína no pelea con toda su fuerza y potencial hasta que no siente el dolor que le produce la muerte de Steve. Es difícil imaginar que el amor romántico tuviera tanto peso en la trama en caso de que el protagonista de la película fuera un superhéroe. Lo que la cinta nos muestra es que ni siquiera una amazona con superpoderes es capaz de demostrar todo su potencial hasta que un hombre no le declara su amor, y eso en ningún caso es feminista, pues históricamente el mito del amor romántico ha sido una suerte de coartada para que la mujer aceptara una sumisión al hombre bajo la falsa idea de la protección.

Por otro lado, hasta casi el final de la película se presenta a una Diana ingenua y obcecada en la misión de encontrar a Ares, causante de todas las guerras, para acabar con él. Steve parece no tomarse en serio esta idea de la princesa amazona por considerarla demasiado *naif*, aunque al final resulta ser una teoría cierta. La ingenuidad de Diana irá dando paso a una actitud más sagaz, como se puede comprobar al final de la película o en *Batman v Superman*.

Al igual que McCausland (2017b), consideramos que asignar el nacimiento por partenogénesis de Diana a Zeus, cuando en las historietas originales le corresponde a Afrodita no solo es un error, sino que es innecesario para el argumento. La autora cuestiona también el origen instrumental que hace Zeus de las amazonas en general y de Diana en particular, y critica que se hayan centrado en éste y en Ares, obviando la importancia de diosas como Gea, Afrodita o Atenea en la cultura clásica y en el cómic (2017b).

Alcanzar la igualdad siendo conscientes de que la diferencia existe es una de las ideas primordiales de cualquier movimiento igualitario. En el caso concreto del feminismo, se traduciría en destacar que hombres y mujeres son diferentes, en comprender sus particularidades de manera positiva. De una manera simplificada, esto se refiere a que no se puede alcanzar la igualdad si no se acepta que cada sexo tiene unas particularidades y que éstas conforman su identidad, y que esas particularidades llegan a provocar un comportamiento discriminatorio hacia la mujer desde un sistema estructural patriarcal que ha sido la norma durante siglos. Significativamente, esta idea de «la igualdad a través de la diferencia» es algo que Patty Jenkins, la directora de la cinta, rechazó. En un perfil que *El País Semanal* publicó en su web el mismo día de la presentación de la película en España, el periodista que lo firmaba se hacía eco de unas declaraciones de Jenkins en las que comentaba que su película no iba de «una mujer–superhéroe, sino de un superhéroe, en género neutro» (Jenkins en Abril, 2017). En esa misma publicación se rescataban estas palabras de Jenkins: «Tampoco pienso en mí como mujer–cineasta. Soy cineasta». Esta negación del género femenino en favor de un género neutro, una teoría propia del posfeminismo, es contraria a la particularidad de las mujeres por su condición sexual, con lo que se incurre en una manera de desvirtuar el movimiento feminista, de pervertir el discurso y de hacer invisibles a las propias mujeres, lo que coloquialmente se conoce como «ni machismo ni feminismo, igualdad». Pérez Garzón ejemplifica la definición del feminismo posmoderno (o posfeminismo) utilizando las teorías de Judith Butler, una de las autoras más destacadas:

> [Para ella] el sexo y el género son invenciones y pretextos para interpretaciones culturales que hay que desmontar o deconstruir, porque falsean la naturale-

za con categorías que crean ficciones homogéneas, cuando la realidad es diversa y cambiante. [...] Sería imposible, por tanto, hablar de una identidad femenina, en singular, de modo que el sujeto del feminismo, esto es, la categoría de género con la que se trata de explicar la situación de las mujeres incluso sería un concepto opresor de la diversidad. La emancipación no tiene que lograrse, según Butler, desde una identidad de género, sino que debe desplegarse desde la diversidad de sujetos que se definen y construyen en las dialécticas de interacción con los demás, siempre en los procesos de lucha y reivindicación (2011: 230–231).

Más aún, la directora no solo rechazó la base feminista (la de los orígenes de Marston, Holloway, Byrne o Sanger), sino que declaró que el propio personaje de Wonder Woman tampoco lo era: «She's not a feminist. It never occurred to her that she would treat somebody differently to somebody else, which is the stronger statement» (Jenkins, en Nottram, 2017). Que haya mujeres en puestos de toma de decisiones no garantiza que el resultado del proyecto tenga perspectiva de género y *Wonder Woman*, desafortunadamente, lo demuestra empíricamente. En este contexto, la ausencia de un feminismo auténtico en *Wonder Woman* también ha sido señalada por otra persona directamente involucrada en la película: la actriz Elena Anaya (que interpreta a la Dra. Veneno en la película), quien mostró su opinión acerca de lo feminista de la película durante las entrevistas promocionales. «Por fin vemos una película en la que la mujer no se limita a ser la secretaria del superhéroe. Pero no creo que sea una película feminista, la verdad. [...] Opino que el personaje sí fue una revolución silenciosa en su momento» (Anaya, citada en Zeleb, 2016).

Incluso la crítica que se publicó en *The New York Times* aseguraba lo siguiente:

«Wonder Woman», though, resists the reflexive power–worship that drags so many superhero movies –from the Marvel as well as the DC universe– into the mire of pseudo–Nietzschean adolescent posturing. Unlike most of her male counterparts, its heroine is not trying to exorcise inner demons or work out messiah issues. She wants to function freely in the world, to help out when needed and to be respected for her abilities. No wonder she encounters so much resistance (Scott, 2017).

Estas declaraciones ponen sobre la mesa una interpretación muy diferente de la Wonder Woman de Marston, quien sí planteaba conflictos de gran calado para el personaje acerca de la liberación de la opresión, de la justicia y que le hacían comprometerse con la sociedad a gran escala.

Por todo lo anterior, es evidente que la cinta no cumple con las expectativas de lo que una película feminista debería mostrar. No solo no plantea nada nuevo cuestionando las estructuras patriarcales de manera firme, sino que colabora en perpetuar estereotipos de género y en el mandato y la instrumentalización de las mujeres por los hombres (Zeus). Creemos entonces que la etiqueta feminista en la campaña de esta película no ha sido nada más que una cuestión de *femvertising*, o de cómo poner el feminismo a la venta (Becker–Herby, 2016; Rae Hunt, 2017).

¿Estamos ya en la cuarta ola?
Una breve disertación sobre el feminismo de consumo

La historia del feminismo narra cómo, después de movimiento liberal sufragista, la década de los 60 del siglo XX fue el punto de partida de la tercera ola con la publicación de la obra *La mística de la feminidad*, de Betty Friedan. Para entonces, se hace patente que las conquistas de las sufragistas no fueron suficientes en la lucha contra el patriarcado y el mes de mayo del 68 fue un caldo de cultivo suficiente para que el movimiento feminista continuara reclamando avances en materia de igualdad. En lo sucesivo, los 70 marcaron la liberación sexual de la mujer, la aparición de métodos anticonceptivos y el control de la natalidad; en los 80, se manifiesta la necesidad de hacer visible a la mujer en medio de un difícil contexto internacional reaccionario por la alianza Thatcher–Reagan y el apoyo de «la industria de los medios y la moda, y la red asociativa conservadora de la sociedad civil» (Valcárcel, 2008; 105); en los 90, se comienza a cuestionar los cánones de belleza (Wolf, 1991) y se exige la paridad como una nueva forma organizacional, que todavía seguiría pendiente al comenzar el siglo XXI. Esta breve evolución de la agenda feminista nos lleva al momento presente, donde se encuentran sobre la mesa temas de carácter filosófico y moral como la idoneidad de los vientres de alquiler y la explotación capitalista de los cuerpos de las mujeres a través de la prostitución y la pornografía y, por otra parte, la sobreexplotación del feminismo como marca, el pseudo–empoderamiento y el *femvertising*. El resultado es una suerte de unión entre feminismo y capitalismo, incompatibles por su naturaleza pero en feliz matrimonio de facto: el feminismo de consumo. (Se recomienda consultar la obra de Andi Zeisler *We were feminists once* (PublicAffairs, 2016).Y es en esa tesitura donde debemos colocar la aparición de la película *Wonder Woman*.

Tras el análisis de la película, no podemos sostener que la Wonder Woman de 1941, la de autores como Greg Rucka o la que reivindicó Gloria Steinem en aquella mítica portada de *Ms.*, sea la que apareció en todas las salas de cine del mundo. Decididamente, el mayor poder de la superheroína –el feminismo– tuvo un precio: 800 millones de dólares.

IV. Quis custodiet quos puniunt?
Castigo, vigilancia y simulación
en los dispositivos narrativos de Watchmen

Juan J. Vargas Iglesias

> A cada cual lo que le corresponde; que el pueblo se despoje
> del viejo orgullo de sus crímenes; los grandes asesinatos
> se han convertido en el juego silencioso de los cautos.
> Michel Foucault, *Vigilar y castigar* (1975)

Quizá como efecto de la «ontología de la presencia» que, según Heidegger en *Ser y tiempo* (1927), pesa sobre la formación del pensamiento occidental, las categorías del *ver* rigen, con toda su debilidad (Debord, 1967), los destinos de la humanidad hasta el presente. De hecho, el corolario de una mirada omnisciente, esforzada en objetivar su propia subjetividad, parece hallarse en el genoma del progreso tecnológico. Las plataformas digitales participan activamente de la construcción de ese ojo multiplicado: «ser–ver», o la coincidencia de lo real y lo subjetivo, fantasía post–humana de una criatura abstracta sin dimensión, aplanada hasta el punto en que, lejos del concepto idealista del sujeto como reflexión, «se da el ser» sólo en la medida en que «se da el ver».

En la actualidad parte del cine experimental orienta sus intereses en esta dirección. Es el caso de *Leviathan* (Lucien Castaing–Taylor,

Verena Paravel, 2012), documental etnográfico formulado a partir de la instalación de doce minicámaras GoPro en distintos lugares de un barco arrastrero de New Bedford (Massachusetts), así como adosadas al cuerpo de algunos trabajadores; en el filme, las perspectivas suministradas por estas ubicaciones arbitrarias en constante movimiento dan lugar a una variedad de itinerarios ajenos a cualquier control creativo más allá de la concreción del montaje final. No es de extrañar que sea la antropología la artífice de un acercamiento extra–humano al concepto de acontecimiento, si tenemos en cuenta, con Foucault, que esta nació para aportar una conciliación desde la perspectiva humana a la fractura ocasionada en el campo de las ciencias; y por otro lado, que nos encontramos en una época posmoderna que coincide con el «vacío del hombre desaparecido» pronosticado por Nietzsche (Foucault, 1968: 332–333).

Si el ser humano es simbólico en tanto incapaz de hacer otra cosa que alienar el objeto en el concepto, ¿cómo encarar lo real? ¿Cómo comprenderlo? La metáfora es reconocida por el psicoanálisis lacaniano como la forma en que lo indecible se «articula» ya desde un ámbito extrarracional. Por su parte, George Steiner entiende la historia de la novela desde su invención en el siglo XVIII como un intento de describir científicamente lo real, incluso desde las ficciones especulativas urdidas en subgéneros como el futurismo distópico y la ucronía. Pero en el momento en que escribía el texto, el mismo autor reconocía que había un límite de silencio en lo decible (en general, el silencio, como dimensión extraverbal, se encuentra en las preocupaciones más nítidamente post–estructuralistas: tanto en la *différance* de Derrida, como en el deseo según Lacan o lo impensado en Foucault), en lo humanamente figurable con palabras, que los nuevos medios de aquel entonces empezaban a tentar (Steiner, 1970).

Es, por supuesto, el caso del cómic. Así lo demuestran los múltiples intentos que han obligado a este medio a entenderse a sí mismo a lo largo de más de un siglo de historia; y no es necesario acudir a soluciones radicales como las que representan los trabajos abiertamente post–humanistas de Chris Ware o Yuichi Yokoyama. En concreto, el presente estudio se consagrará a detectar las dimensiones de esa representación de lo «indecible» en la obra de Alan Moore, y en específico en su serie limitada *Watchmen* (1986–1987). Pero antes de entregarnos a este análisis, dos situaciones particulares ilustrarán una divergencia que será de importancia para discutir el trabajo del guionista británico: una, la de los atentados contra el World Trade Center del 11 de septiembre de 2001; otra, la de la intromisión de algunos agentes de la policía antidisturbios en la madrileña estación de trenes de cercanías de Atocha, tras la manifestación para rodear el Congreso de los Diputados del 25 de septiembre de 2012. La grabación de acontecimientos en ambos casos puede parecer similar; no parece presentar grandes diferencias con los modelos del tradicional fotoperiodismo, más allá de una democratización que sustituye el talento y el oficio del fotógrafo por una difracción exponencial de los puntos de vista. Pero existe una diferencia fundamental: el primer caso es una imagen–simulacro, un evento cuya densidad espectacular y trascendencia histórica «pretende» y «procura» absorber las miradas y los registros; en cambio, en el segundo caso debemos hablar de una imagen–representación, un desvelamiento no deseado ni calculado por el sujeto grabado. En el primer caso objeto y sujeto se entregan sin reparos, podría decirse que «epifánicamente», a la representación y al registro. En el segundo, ninguno de los dos quiere ser descubierto en esas acciones.

Como se demostrará en adelante, ambas articulaciones de las relaciones escópicas sujeto–objeto, y con ellas los distintos dispositivos que tutelan las formas de vigilancia y de castigo, representan las estructuras más elementales del cimiento narrativo de *Watchmen*. El límite del silencio se despliega en ellas: en las sutiles coalescencias que se operan entre una y otra, en la compleja retícula de flujos y densidades con que se dan a sí mismas la capacidad de comunicarse, sólo observables en la medida en que el proceso mismo de observación tome parte en el juego de las significaciones. En el fondo de su convergencia yace ese abismo de silencio que nos devuelve la mirada, invocación a Nietzsche con que, muy apropiadamente, Moore titula y cierra el número VI de su obra; el ecuador que despliega en dos mitades la honda y negrísima herida de un test de Rorschach existencial.

La estrategia del tigre

La de Nietzsche no es sólo una cita decorativa. Del filósofo vitalista alemán emerge toda la oscura comprensión del héroe que Moore delinea durante los años ochenta, con las series *Miracleman, V de Vendetta, La cosa del pantano* y *Watchmen*, y en los noventa con su segunda *opus magnum, From Hell*, y su inacabada *Big Numbers*. En él descansan los delirios de sus obras menores en *American Flagg* y otras revistas independientes, estertores post–humanos como metáforas de un desaforado neoliberalismo económico y social que ya venía siendo vaticinado por el fenómeno estético de la Nueva Carne.

En obras como *Así habló Zaratustra, Genealogía de la moral, La gaya ciencia* o *El anticristo*, simultaneando una adhesión a las bases del darwinismo y a los principios competitivos que ya caracterizaban al primer capitalismo, Nietzsche postulaba el advenimiento de un «superhombre» ajeno a la debilidad cristiana que habría de entregarse a la belleza de la vida cruel; este sería la consecuencia de un ejercicio, el de la «voluntad de poder», que subyacería a cualquier consideración moral y haría de éstas meras ficciones o trampantojos. Aquella instancia prerracional explicaría desde una unidad trascendente cualquier acción o producción humana, y su sincronización con el conjunto de los valores sociales habría de procurar un salto evolutivo similar al que diera lugar al *homo sapiens*. Ya en *Miracleman* se sugiere que el disparo que Hitler erró en algún lugar a medio camino entre el imperialismo napoleónico y la pesadilla futurista, acierta en la sociedad contemporánea en el sujeto capitalista neoliberal, resolución con fulgor de eslogan y reminiscencias hegelianas que retorna a la noción del individuo cuya autoconciencia todo lo puede, siempre que se atenga a los límites discursivos de un orden global determinado. Una definición –Moore lo supo ver con claridad– bastante ajustada a la de un héroe, con todas las fisuras, deformidades y amoralidad que conlleva serlo bajo la prístina coraza de una Historia acabada.

En esta misma tradición se instala el trabajo de Michel Foucault desde los años setenta. En *Vigilar y castigar: Nacimiento de la prisión* (1975), el historiador y filósofo francés emplea su método arqueológico en una historiografía de las instituciones penales, inscrita en un momento de su carrera en que el autor desarrollaba con plenitud su «teoría del poder». Con un fundamento epistemológico muy próximo a la «voluntad de poder» de Nietzsche, pretendía realizar un «análisis de las síntesis» históricas, en este caso el de la transición de la moral de los suplicios a la ética disciplinaria del presidio que tuvo lugar a caballo entre los siglos XVIII y XIX. Su hipótesis: que ya en la época clásica, la milimétrica regularización de los tormentos sobre el cuerpo individual preludiaba el control científico sobre el cuerpo social que se generalizaría en el siglo XX.

Foucault inicia su análisis con una dantesca crónica del ajusticiamiento de Robert François Damiens, el hombre que pretendió asesinar al rey Luis XV. El suceso, por cierto embellecido hasta lo irreconocible en las estasis manieristas del manga *Innocent* de Shin'Ichi Sakamoto (2013), da perfecta cuenta de las relaciones de poder en que se incardinaban las jerarquías y correlaciones que definían el sufrimiento como castigo administrativo. La estructura romboidal que formaban el rey (en el vértice superior), el verdugo y el reo (en los vértices intermedios) y el pueblo asistente (en el vértice inferior) desempeñaba los órdenes de un ritual que escenificaba el reverso del crimen cometido. De los elementos que constituían esta performance, es quizá el verdugo el más controvertido y ambiguo ya en su mismo concepto clásico: por una parte campeón del soberano, por otra confinado al descrédito social, «por más que, en cierto sentido, fuera la espada justiciera del rey, el verdugo compartía con su adversario su infamia» (Foucault, 2002: 58).

No cabe duda de que tal posición en las topologías del castigo es atribuible a dos miembros del cenáculo de «vigilantes» que Moore despliega en *Watchmen*, a saber, El Comediante y Rorschach. Su crueldad sirve, eso sí, a dos «reyes» muy contrarios: al cinismo ciego de las estrategias gubernamentales en el primer caso, y a una moral irrevocable en el segundo. Tiene bastante sentido que el detonante del relato, y también el primer encuentro entre vigilantes, sea el que se produce entre estos dos personajes en sus papeles respectivos de víctima mortal y vengador. También que Rorschach presente en solitario sus respetos en la tumba del viejo vigilante muerto, una vez que el resto de asistentes al funeral se ha marchado. Entronca con esta condición que Justicia Encapuchada, el vigilante que de hecho más rasgos de vestuario comparte con un verdugo tradicional (recuérdese además que, como indica Hollis Mason en el suplemento literario del capítulo II, Justicia Encapuchada fue el primer vigilante en aparecer. Teniendo esto en cuenta, que su indumentaria incluya una soga al cuello es un efecto con sugerentes resonancias metafóricas), someta en 1940 a una brutal paliza a Edward Blake cuando este pretende violar a Sally Juspeczyk, en un adelanto de la que habrá de ser su ejecución final en 1985: en ambos casos El Comediante se dispone a romper un sello: el primero, el de un sistema tradicional, el segundo, el de uno por venir. La idéntica composición de viñeta de estos dos momentos, con la expresión doliente de Blake descansando entre las firmes manos de sendos castigadores, representa una analogía que señala esta correlación. Edward Blake es engullido por la impotencia amoral de su presente de indicativo, que siempre fue para él motivo de risa. Las sanciones de estos rostros ocultos (tras una capucha en el primer caso y tras el dispositivo óptico narrativo en el segundo), únicas que el personaje recibe a lo largo del relato por parte de otros vigilantes, vienen a corroborar la descentralización de algo que pudiera llamarse justicia: también Rorschach, protagonista de la investigación por el asesinato de El Comediante, será ejecutado en las últimas páginas de *Watchmen* debido a lo extremoso de su moral incondicional.

No se detiene aquí la encarnación que los vigilantes realizan de los nodos de la estructura totalitaria del castigo. Los «verdugos de los verdugos» son, apropiadamente, quienes ocupan el vértice superior del rombo que organiza los suplicios: Ozymandias y el Dr. Manhattan. Conviene matizar, sin embargo, que el Dr. Manhattan no representa tanto a un rey como una figuración pura del poder en tanto «inútil para sí mismo» (αὐτόματος), y por tanto agenciable por inteligencias que pretenden la supremacía («*Dios* existe y es americano», llega a sentenciarse en el suplemento literario del capítulo IV). Ozymandias en cambio sí encarna, ya desde su sobrenombre, el arquetipo solar del soberano. La desmedida arrogancia de su plan maestro, travestida con el pretexto de la consecución de un mundo sin guerras, no se esmera en ocultar el despreocupado fascismo del superhombre nietzscheano. Hombre–perfección e imagen publicitaria que provoca inseguridad en el ciudadano medio (piénsese en la escena en que, con el trasfondo del gimnástico Ozymandias/Adrian Veidt realizando piruetas en televisión, Dan Dreiberg se ve incapaz de consumar una relación sexual con su largamente deseada Laurie Juspeczyk en el capítulo VII), Ozymandias, defensor del medioambiente, de la paz mundial, del bienestar social, en oposición a la cultura militarista de la preeminencia de los Estados, es un dechado de valores progresistas que sin embargo impone con el más terrible de los actos. La contradicción es demasiado flagrante como para ser simplemente ignorada, y sin embargo él hace lo posible por ignorarla. Su pragmatismo amoral refuta cualquier resquicio de culpa como un concepto cristiano sin utilidad, como contesta a

Dreiberg cuando este le insta a confesar el asesinato de Blake en el capítulo XI: «La confesión implica una penitencia. Simplemente lamento que se viera implicado en todo esto de forma fortuita».

Así, como indica Foucault, el derecho de castigar es «un aspecto del derecho del soberano a hacer la guerra a sus enemigos» (2002: 53), pero a diferencia de cómo se escenificaba este derecho en la época clásica, el despliegue militar que acompaña al reo es aquí eliminado. Lo sustituye la estrategia del simulacro, y con ello todas las alteraciones respecto al modelo clásico provienen de un modelo de silenciamiento: los «verdugos ajusticiados» lo son según una lógica preventiva del castigo, que no se articula ya como venganza, sino como sintaxis fría y silenciosa de cara al diseño estratégico de un dispositivo social basado en el miedo. Su sentido es el retorno a la estrategia del terror (suplantada por la del ejemplo debido a la influencia reformista del siglo XVIII), solo que si esta se caracterizaba por «hacer sensible a todos, sobre el cuerpo del criminal, la presencia desenfrenada del soberano» (2002: 54), en esta ocasión la misma noción del soberano, con toda su moral y su imperial teleología, es borrada de la ecuación, suplida por el horror de lo improbable y del sinsentido. Y en su lugar queda la microfísica paranoica de una marca de muerte sin verdugo, como testigo de un reinado que habrá de prevalecer. El único sacrificio público es el de millones de inocentes, el único escarnio es el de una gigantesca broma final, pero estos son mudos en tanto sacrificio y en tanto escarnio, pues todo lo que los precede y los explica presenta el mutismo de lo real: el árbol que cae sin que haya nadie para atender el sonido de su impacto.

Si bien esto parece contrastar con el propósito de todo el ritual punitivo clásico (el desvelamiento de la verdad, que debía ser reconocida por el reo antes de su ejecución), no es menos cierto que en el periodo absolutista el propio proceso judicial era mantenido en secreto, y el encausado sólo era reclamado para su interrogatorio antes de que se dictara sentencia. Este silenciamiento, que buscaba evitar los tumultos del vulgo, es en *Watchmen* trasladado a la totalidad del proceso del castigo, que ocurre de espaldas al mundo y del que sólo se perciben sus consecuencias. La verdad de los hechos es desvelada por el propio Veidt sin que los vigilantes puedan hacer nada por evitarla. La idea de que «ante la justicia del soberano, todas las voces deben callar» (Foucault, 2002: 41) la corrobora el silencio de muerte de las viñetas posteriores a la gran catástrofe de Nueva York, en las primeras páginas del capítulo XII.

Una inversión radical parece asistir el ritual del castigo de Veidt frente al clásico de los vigilantes: si la aparición del héroe siempre es una consecuencia de la del villano, aquí sucede al contrario. En el mecanismo interno de este reloj que marcha hacia atrás justo antes de marcar las doce en punto, el pueblo no queda sin representación; los dos vigilantes que restan, Dan Dreiberg y Laurie Juspeczyk, asumen la posición del vértice inferior del rombo. Una posición ambigua, según Foucault, «porque es preciso que se atemorice; pero también porque el pueblo debe ser el testigo, como el fiador del castigo, y porque debe hasta cierto punto tomar parte en él» (2002: 63). La humanidad irreductible de estos dos personajes, con toda la debilidad y la duda que les confiere su mortalidad, los convierte en mansos asistentes —en las acepciones de presencialidad y ayudantía— de los simultáneamente angélicos y monstruosos planes de Ozymandias. Se saben sobrepasados por una lógica que escapa de las inercias históricas previas y, como tales, rinden pleitesía a aquella de la única forma que saben: perpetuándola en un abrazo sexual. Su integración social, al final del relato, como un matrimonio decente de mediana edad con aspiraciones normalizadas al ejercicio de la aventura, refrenda esta participación sumisa del sistema.

El ritual de la confesión del reo, por lo que tiene de relación con el público, cuenta con una ambigüedad similar. Al mismo tiempo que aquel «encuentro con la verdad» era necesario para cerrar el círculo de la causa y confirmar la maldad del inculpado, su ocasión lo santificaba y lo disponía a morir en paz con Dios y la justicia del rey. Sin embargo, la popularización de las llamadas «hojas sueltas» que exponían los hechos y la confesión para solaz del vulgo, es señalada por Foucault como precedente del auge de la literatura de crímenes del XIX, organizada en el lento descubrimiento de un asesino que era enaltecido, no por la «sombría glorificación por el suplicio» (2002: 74), sino por su sofisticación racionalista. La aristocratización del villano, que dejaba atrás el «crimen pasional» del rústico, conllevaba también una confesión, pero esta era la expresión de un regocijo. Si bien venía seguida de la sorpresiva captura o muerte del malhechor por la superior inteligencia del detective, en este punto ya se había interpuesto en el imaginario popular una distancia entre la confesión y la justicia.

En *Watchmen*, sin embargo, se va un paso más allá. No es que la confesión lleve a la justicia en una relación causal, ni que confesión y justicia estén desconectadas, sino que la confesión *constituye* la propia justicia del rey. Los dos elementos más alejados entre sí han implosionado en la dimensión «sin dimensión» del simulacro, y dada la inutilidad del castigo como instrumento ejemplarizante, este queda anulado. Lo que se ha operado no es *solo* un crimen, sino la reconfiguración consciente de toda una cosmovisión. Podría decirse que el reo ha ejecutado al verdugo y ha tomado el lugar del rey, si no fuera porque el reo había sido todo el tiempo el propio rey disfrazado, que ha operado como un «verdugo absoluto» con su propio pueblo. No se trata de una revolución desde abajo, sino desde arriba. Las cronologías se distorsionan, los rituales se alteran, los órdenes se suprimen en el tiempo y se liberan al espacio. En su inevitabilidad y en su impunidad, en el lugar privilegiado que confiere el poder absoluto del silencio, la confesión de Ozymandias resuena como el eco sordo de la Historia.

Los creadores del mundo

La descripción que Foucault realiza de la estructura punitiva clásica es, como se apuntaba, el preludio de algo que estaría por venir, y cuya correlación podría resumirse en una frase del propio autor: «La justicia persigue al cuerpo más allá de todo sufrimiento posible» (2002: 40). Con este aserto, el historiador evidencia la dimensión simbólica irrefrenable que caracteriza el castigo del cuerpo, por cuanto los suplicios continuaban después de que este sucumbiera a la muerte: «cadáveres quemados, cenizas arrojadas al viento, cuerpos arrastrados sobre zarzos, expuestos al borde de los caminos». La metafísica del castigo no se limitaba al intercambio comunicativo con el reo, sino que trascendía su exterminio y se extendía al conjunto del cuerpo social. Al igual que en los antiguos ritos de sacrificio (el *pharmakos* griego, el «chivo expiatorio» de los antiguos judíos), la purga de alguien a quien se imputaban los pecados de la *polis* llevaba al conjunto de esta a una catarsis que hacía posible el sostenimiento social.

Aunque legitimados por el concepto moderno de justicia, estos frecuentes autos no pueden ocultar su vínculo con la tradición pagana de los rituales de sacrificio; paradójicamente se acomodaban en el corazón de órdenes monárquicos católicos y protestantes, a pesar de que la lógica moral de estos se debía a la alteración radical que la crucifixión de Jesucristo, clave de la doctrina cristiana, había supuesto para aquella antigua ritualística. René Girard identifica la inversión que este evento implicó para la tendencia previa en el orden de los rituales: si bien en estos la culpa imputada a un individuo concreto que era sentenciado a muerte desconvocaba la entropía social para procurar una homeostasis cíclica y una relajación de las hostilidades, con el sacrificio original del «cordero de Dios» no se eximía de culpa a los miembros de la comunidad hasta el siguiente oficio, sino que por el contrario se les colmaba de ella para siempre: «Jesús acepta morir para revelar la mentira de los sacrificios sangrantes y hacerlos imposibles a partir de ese momento» (Girard, 2012: 22).

Con su aterrador movimiento, Ozymandias no disemina la culpa —por ser un concepto que el propio orden capitalista se ha encargado de relativizar—, sino el miedo. Para los fieles de este nuevo orden, el Apocalipsis ya no es un acontecimiento que ocurrirá de forma segura y en el cual se juzgará a los pecadores para toda la eternidad, sino algo que pertenece al orden incalculable de lo probable. Con ello tiene lugar la transmutación de la metafísica en un materialismo a ultranza que, sin embargo, no se deshace de sus herencias totalitarias. Así se inaugura toda una cosmovisión, y por tanto toda una organización escópica de los sujetos: la forma en que estos «ven», «se ven» a sí mismos y «se hacen ver» por los demás. (El tercer tiempo escópico aquí empleado incorpora un matiz clínico importante. Si bien Freud lo enunciaba como «ser visto», la fórmula lacaniana, hoy canónica, optó por el «hacerse ver»).

Como se verá, esta redistribución escópica tiene mucho que ver con el sostenimiento ambiguo de las relaciones de mirada que se concita en el Panóptico. Este dispositivo, concebido a finales del siglo XVIII por el pensador utilitarista Jeremy Bentham como instrumento para la vigilancia penitenciaria, consistía en una torre de observación circundada por la estructura carcelaria en la que residían los prisioneros en celdas individuales. Tal orden permitía la aniquilación de los privilegios de los observados, mediante una ruptura de la percepción de los observadores que delineaba una precisa sintaxis del poder. En palabras de Foucault: «El Panóptico es una máquina de disociar la pareja ver–ser visto: en el anillo periférico, se es totalmente visto, sin ver jamás; en la torre central, se ve todo, sin ser jamás visto» (2002: 205). De esa forma la vigilancia efectiva deja de ser necesaria: basta con que el observado entienda que puede estar siendo vigilando en cualquier momento. La «creencia» en una «virtualidad» se impone a cualquier posible identidad empírica del poder.

En general, las orientaciones del deseo hacia el «ver sin ser visto» y hacia el «ser visto sin saber con certeza por quién o cuándo», descriptores de las perversiones del voyeurismo y del exhibicionismo, son respectivamente atribuibles a los hombres y las mujeres que se autodenominan vigilantes: no por casualidad los primeros llevan máscara y las segundas no. Por otra parte, cada uno de los tres órdenes escópicos viene en *Watchmen* representado por un supervigilante, respectivamente: Dr. Manhattan, Ozymandias y Rorschach. (Con ello mantenemos una distinción realizada previamente, entre una «moral superhumana», representada por estos tres vigilantes, y una «moral humana», representada por Edward Blake, Dan Dreiberg y Laurie Juspeczyk [Vargas, 2010: 151]). El primero, en tanto progresivamente desconectado de las inclinaciones humanas, entiende la realidad como poco más que un análisis de partículas atómicas; el segundo, tocado por su delirio narcisista, sólo tiene ojos para sí mismo y desoye cualquier consideración que pueda interponerse en la consecución megalómana de un plan de proporciones bíblicas (las palabras del sacerdote que oficia el funeral de Blake resuenan como trasfondo de su semblante marmóreo: «Oh Señor Todopoderoso, oh salvador santo y misericordioso, líbranos del amargo dolor de la muerte eterna»); el tercero, borrado por una máscara que figura el vacío sin sentido de lo real, «es» únicamente en tanto «se hace ver» como esa espantosa e indolente verdad que subyace a cualquier posible denominación humana: un espejo perfecto de la banalidad del mal.

Desde luego, no puede decirse que los otros dos tiempos escópicos no tengan lugar en cada uno de los tres supervigilantes: en ellos se apoya la evolución de aquel tiempo que les define para llegar a sí mismo. De esa forma, entendiendo los tiempos descritos como la consolidación de un arco de transformación, para transitar de un «ver» en términos puramente cuánticos, a un «ver» que compatibiliza esta dimensión con un cierto humanismo, Dr. Manhattan debe «hacerse ver», en este caso invisibilizarse desapareciendo en un retiro a Marte que le permita reflexionar, o lo que es lo mismo, «verse» en sus obras. Ozymandias debe «ver» el mundo en su dimensión más estratégica y, en consecuencia, «hacerse ver» en la maniobra de la simulación (según las palabras del personaje en el capítulo XI: «El primer paso que di fue alejarme del problema tanto como fuera posible. Intenté verlo desde una perspectiva nueva para tener así una visión y una comprensión más amplia del mismo». A continuación, Ozymandias procede a explicar toda la trama que desarrolló para sostener la mascarada), para así transitar de un «verse» narcisista a un «verse» en la ambigüedad perfecta y cruel de su acción; una reflexión que, en el momento de la verdad, hace tambalear su moral superhumana por el camino de la duda, al interpelar en su última línea al Dr. Manhattan: «He hecho lo correcto, ¿verdad? Al final todo ha salido bien». Por último Rorschach debe «ver» el horror cara a cara (el personaje relata la escena de su conversión, al asestar un hachazo en la cabeza de un perro, con las palabras: «Fue Kovacs el que dijo 'madre' con una voz amortiguada por el látex. Fue Kovacs el que cerró los ojos. Y fue Rorschach el que los abrió de nuevo») y por último «verse» en él para dar lugar al borrado definitivo de Walter Kovacs en su caída infinita por el abismo simétrico de su emblema, itinerando de un «hacerse ver» en términos de disfraz, a un «hacerse ver» en tanto sujeto. Como se indica en la siguiente tabla:

Personajes	Progreso escópico			
Dr. Manhattan	Ver (1)	Hacerse ver	Verse	Ver (2)
Ozymandias	Verse (1)	Ver	Hacerse ver	Verse (2)
Rorschach	Hacerse ver (1)	Ver	Verse	Hacerse ver (2)

Pueden identificarse en el texto al menos tres representaciones de los tiempos escópicos que afectan dramáticamente a los tres vigilantes en sus tránsitos respectivos del positivismo al humanismo, del consecuencialismo a la duda y de la moral al nihilismo. En el caso de

Rorschach, explicita su conversión definitiva la escena en que contempla arder la casa en que ha encadenado a un secuestrador tras encontrar dentro del inmueble los restos mortales de una niña devorada por los perros: la síncopa de tres viñetas en las que el humo evoluciona de un caos enfurecido a un orden pautado es la expresión de su visión del mundo como un inaprehensible desconcierto que oculta un patrón en la propia conciencia de quien lo interpreta. Las orografías faciales que constituyen el semblante de Walter Kovacs son las que someten a las manchas negras de la máscara de Rorschach a formas tan impredecibles como escrupulosamente pautadas en la simetría. El instante narrativo figura un «verse» a sí mismo del personaje que dará lugar a una forma totalmente modificada de su «hacerse ver».

El dispositivo escópico de Ozymandias cuenta asimismo con una representación crucial en la escena en que el personaje abate de un golpe al asesino que él mismo había contratado secretamente para consumar un atentado contra su propia vida. El instante narrativo, ubicado en el centro exacto del capítulo V («Aterradora simetría», número cuya composición de viñetas es simétrica de principio a fin), queda descrito como una simulación en toda regla en tanto simultáneamente verdadero y falso, convergencia de dos realidades simétricas que da lugar a una imagen tan impostora como irrefutable en términos de consecuencia. Siguiendo las palabras de Jean Baudrillard con respecto a los acontecimientos que, en tanto registrados y difundidos por los *mass media*, caen en el orden de la simulación: «Pero guardémonos de tomarlos como irreales o como inofensivos. Al contrario, es en tanto que sucesos hiperreales [...] que llegan a ser incontrolables para un orden que sólo puede ejercerse sobre lo real y sobre lo racional, sobre causas y fines» (1978: 50).

Por último, en el caso del Dr. Manhattan, el «verse» conduce a un renovado «ver» en la viñeta con que concluye el capítulo IX, que en un movimiento de alejamiento le avista como una mota ubicada en el ojo izquierdo de la cara sonriente sobre Marte: la corporeización de ese nuevo «ver» queda resuelta en el movimiento interpretativo de una traslación en retroceso que, al igual que en las viñetas que inauguran el primer número de la serie, recorre un trayecto desde el detalle al plano panorámico, y que amenaza con no detenerse hasta alcanzar una observación de la dimensión fractal y por tanto recursiva (detenida) de la realidad. La propulsión de esta perspectiva conlleva un vuelco de conciencia: la del Dr. Manhattan de que sólo en tanto productor de improbabilidades (de entre las cuales el ser humano es la más específicamente improbable) el universo puede continuar sus procesos, la conciencia de que la detención de esta producción implicaría la progresión máxima, y con ella la muerte termodinámica y el fin de toda existencia.

Es por tanto la dimensión de la mortalidad, del Amo Absoluto hegeliano, la que socava y altera las percepciones de los tres personajes desde los enfoques moral, lógico y empírico. Es su silencio pleno e incomprensible lo que enfrenta estas a sus contrarias respectivas en la construcción, la simulación y la indeterminación. En este sentido conviene recordar que fue la circunstancia de la peste la que según Foucault detonó la necesidad de precisos cuidados organizativos disciplinarios que más adelante serían asimilados y extendidos a instituciones como la educativa y la penal: «Contra la peste que es mezcla, la disciplina hace valer su poder que es análisis [...] la penetración del reglamento hasta los más finos detalles de la existencia y por intermedio de una jerarquía completa que garantiza el funcionamiento capilar del poder» (2002: 201).

Esta «penetración» organizativa que alcanza «hasta los más finos detalles de la existencia» es asimismo una condición perfectamente imputable al propio dispositivo narrativo de *Watchmen*. Los artefactos ópticos se ensamblan en el complejo narrativo conformando un sutil caleidoscopio de solapamientos significantes, juegos compositivos, repeticiones y serendipias orientados a una forma de metáfora que se produce en negativo, en el espacio inhabitable de la diferencia. Al contrario que sus precedentes en el medio, que definían el tiempo con sus acciones y aspiraban con ello a la representación transparente de una dramaturgia, Moore ejerce un poder enunciativo con una profundidad inédita elaborando los propios actos de sus personajes «según una perspectiva temporal» (12 horas, 12 números), operador de control característico de la coerción disciplinaria de la actividad humana (2002: 153).

Esta perspectiva, que se abisma sin remedio a lo infinitesimal (hasta el punto de, con el Dr. Manhattan, trascender su linealidad en una comprensión simultánea del tiempo), supone en sí misma un dispositivo de vigilancia. La ambición desmesurada e inhumana del panóptico late en el acercamiento de Moore con todo su peso paranoico; al igual que el método psicológico del test de Rorschach, se trata de una sintaxis que funciona como un automatismo más allá de cualquier consideración del deseo individual: «El panóptico es una máquina maravillosa que, a partir de los deseos más diferentes, fabrica efectos homogéneos de poder» (2002: 206). Es muy atinado que el propio Rorschach, al ser encarcelado, se erija como centro de tal estructura de poder al espetar al resto de presidiarios: «Ninguno de vosotros lo entiende. Yo no estoy encerrado aquí con vosotros: vosotros estáis encerrados aquí conmigo».

Tal frase, de hecho, podría ser suscrita por el propio Moore: a ambos lados de la frontera informativa, el quiosquero (en la venta) y Ozymandias (en la producción) creen atesorar el secreto que hace posible la interpretación de la realidad, en una más o menos ingenua adaptación de la técnica del *cut–up* de William S. Burroughs; sin embargo el primero terminará siendo devorado por el destino marcado por el segundo, y un simple gag pondrá en entredicho el elaboradísimo plan de este en la viñeta final de la obra. «Nada termina jamás», responde el Dr. Manhattan a un Adrian Veidt que apenas puede contener su atenazante vacilación moral. Como recuerda Moore con sorna, a lo largo de la serie limitada, hay más verdad en el fortuito desfile de carteles, rótulos de negocios y pintadas que adornan las vallas y edificios de Nueva York que en cualquier soporte que se tenga convencionalmente por informativo. El monumental conjunto de *Watchmen* presenta, de hecho, claras similitudes con ese sistema interpretativo del conjunto de pantallas: las composiciones cuya proporción de nueve viñetas por página sincopa el relato, implican al lector en la atalaya del panóptico; una atalaya que sin embargo no puede ser resuelta por él, a pesar de las múltiples pistas que quedan en el camino. Como en la invención carcelaria de Bentham, el deseo de quien se encuentra en esa cúspide es inapreciable respecto a su función.

Porque en el panóptico de *Watchmen* sólo es posible apreciar los aspectos más definitivos una vez se han cumplido todos los encadenamientos escópicos. Las argucias que dan fe de un discurso y por tanto de un sentido se encuentran a medio camino entre lo diegético y lo extradiegético, en una tierra de nadie a la que solo puede accederse en tanto el «hacerse ver» de la realidad se desvela como consecuencia de un «hacerse ver» del lector, es decir, en una especularidad que sin embargo nunca se halla totalmente saturada, nunca es totalmente transparente para sí misma. (No parece accesorio acudir aquí a la definición de sujeto aportada por Jacques Lacan en el Seminario 9, como lo que está representado por un significante para otro significante [Lacan, 1981: 82]). El caso más emblemático es, precisamente, el representado por el *smiley* que abre la serie: una figura que, más allá del «verse» en que cobra sentido la sonrisa especular e ingenua del *smiley* tradicional, impone un «hacerse ver» con el rastro de sangre que cruza su semblante y rompe su simetría, ofreciendo una identidad en la ironía, en la tachadura. También Ozymandias tacha con sangre un semblante en el que ve reflejado el monstruo que tiene dentro, en la creencia de poder así aniquilarlo.

De esta forma se articula la ironía a lo largo del texto, como ocurre en el gag de la empresa de cerrajería Gordium Knot Lock Co., cuyos esfuerzos frustrados por reparar la puerta del domicilio de Dan Dreiberg, una y otra vez derribada, sólo pueden entenderse como ironía de forma retrospectiva, en tanto correlato del «nudo gordiano», que Ozymandias dice haber resuelto de un mando-blazo como su homólogo Alejandro Magno. Los ejemplos son inagotables: desde el enterrador idéntico a Abraham Lincoln que transporta el ataúd de un hombre (El Comediante) asesinado por su forma de entender América al comienzo del capítulo II, hasta la multitud de enunciados simétricos y tests de Rorschach figurados que pueden encontrarse a lo largo del relato como rúbricas tene-brosas: los amantes de Hiroshima, el accidente de Jon Osterman en la cámara experimental, el trauma del psicólogo afroamericano frente al horror del caucásico de origen polaco Walter Kovacs, que resuelve dramáticamente esa aterradora simetría del «negro sobre blanco». Los campos intrínsecos que mantienen cohesionada la materia y cuya desintegración en el caso de Osterman se traduce en una reunión improbable de sus cuantos, alcanzan una condición semiótica en la regla del abrazo y la simetría, la lucha de los sentidos por producirse en el reflejo de las imágenes y sus homólogos. A fin de cuentas, no castiga sino quien quiere ser importante para alguien, y no vigila sino quien considera al otro de importancia.

Vigilancia y subversión

Guy Debord razonaba que con la sociedad del espectáculo se había alcanzado la segunda abstracción capitalista: si la primera sometía la plusvalía del trabajador a las premisas del contrato labo-ral, la segunda agenciaba las conquistas del proletariado y las cubría con los oropeles de un sistema que, de tanto obstinarse en la auto-promoción, acababa por ser visto como el mejor de los posibles. Sin embargo, Foucault matizaba que esta era sólo la faceta más visible de esa sociedad, acaso instrumental hasta cierto punto, pero no su definición. Al contrario que en la antigüedad, en que se pretendía que una multitud de espectadores fueran testigos de un reducido número de objetos, en la edad moderna se procura a un reducido número «la visión instantánea de una multitud»:

> Nuestra sociedad no es la del espectáculo, sino de la vigilancia. [...] Somos mucho menos griegos de lo que creemos. No estamos ni sobre las gradas ni sobre la escena, sino en la máquina panóptica, dominados por sus efectos de poder que prolongamos nosotros mismos, ya que somos uno de sus engranajes (2002: 219–220).

El tiempo ha dado la razón a Foucault. Con la llegada de los medios digitales e interactivos, los logros del capitalismo del espectáculo se han orientado a la sistemática de la vigilancia. Pero en el fondo esta siempre ha estado ahí, preparando prolépticamente a sus súbditos para sí mismos: las fórmulas del *happy end* cinematográfico, del *american way of life* publicitario, del refuerzo del ego de la psicología del *self*, en definitiva de la proliferación de las imágenes de un ideal impuesto a golpe de seducción, fueron los puntos cardinales de un paradigma social de simulación: un «hacer creer que se tiene lo que no se tiene», en palabras de Baudrillard, que en la sociedad de Facebook, Twitter, Youtube e Instagram, del meme, el creepypasta y el hipsterismo, dirige el control científico de toda actividad, no ya a un destino líquido, sino a uno gaseoso, omnipresente, un rizoma algorítmico de una complejidad inabordable. Es la consecuencia expandida del panóptico original, en tanto aquel permitía «a todo el mundo venir a vigilar al vigilante» (Foucault, 2002: 210); algo que habría de devenir «una mirada sin rostro que transforma todo el rostro social en un campo de percepción: millares de ojos por doquier, atenciones móviles y siempre alerta, un largo sistema jerarquizado» (2002: 217). La observación de todos por todos es la consolidación de la cara tecnológica, y por tanto desarrollada, de un sistema que pretende dejar atrás sus herencias imperialistas para alcanzar la utopía del pleno consenso, y por tanto el culmen distópico de una dictadura total: la que tiene lugar en el corazón de cada sujeto por cuenta de sí mismo. Como apuntaban Adorno y Horkheimer en los años cuarenta, y como actualmente demuestra la mecánica de *likes* de Facebook, en la sociedad capitalista «divertirse significa estar de acuerdo» (1994: 189).

El videojuego, como artefacto por antonomasia de la era de la simulación, lleva implícita esta naturaleza. En *Watchmen: The End is Nigh* (Deadline Games, 2009) una perspectiva ligeramente elevada es la acompañante muda y programada de las correrías de Rorschach y Búho Nocturno en un formato de juego clásico de *beat'em up*. La era dorada y sencilla de los vigilantes previa a la ley Keene es modelada en un género igualmente dorado y sencillo. Simultáneamente testigo y protagonista, el usuario queda capturado en las comisuras de su ojo–acción: en el lugar exacto entre la intra y la extradiégesis (ese que hacía posible la ironía en la obra de Moore), aquí en el intervalo entre el avatar y el jugador, la imagen y la intención se sincronizan, la diferenciación entre confesión y justicia, causa y efecto, se desvanece. Por una parte la ironía queda reasignada como disimetría forzosa en una esfera de mecánica entre el «querer» y el «poder», que, si bien puede ejercerse, no parece en absoluto responder a los intereses comerciales del *mainstream*. Por otra parte, a medio camino entre el orden irreversible de la lengua y el orden reversible del habla, el enunciado del mito se hace posible; y con ello, la reescritura de la Historia, su programación. La invención del hombre como paradigma de observación, que según Foucault tuvo lugar a finales del XVIII, pertenece ya al pasado. Fuerzas inconmensurables le sobrepasan y bloquean cualquiera de las facultades que le hacían humano. Frente a la vieja equidistancia de las miradas y las violencias que con tanta claridad ilustraban las imágenes de los excesos policiales del 25S en Atocha, la concordancia de aquellas en el agenciamiento terrorista del 11S.

El panóptico de *Watchmen* es la ocasión subversiva de ese desvelamiento: el mismo género que había empleado un medio con propósitos exclusivamente espectaculares, se ve observado en sus páginas a la luz de un instrumento de vigilancia que nos abisma a la estructura cartesiana de sus propias vísceras, tan inflexible como multiplicadora de las subjetividades. A través de su deconstrucción del panóptico, Moore nos asoma a algo que guió toda la trayectoria de Foucault y alentó su arqueología cultural: las condiciones de transformación de las sociedades a partir de sus «sintéticos *a priori*», es decir, desde la comprensión de la irreductibilidad del acontecimiento como un trascendental. Porque puede que la genética de la realidad se encuentre en el hecho mismo de la observación, en las condiciones que la determinan; pero la hegeliana preponderancia de la conciencia tiene un simétrico kantiano en la persistencia irreductible de la naturaleza. Como en la tragedia, Dionisos despliega frente a Apolo todo su poder revolucionario, todo su capital de negación de la expectativa. Como sugiere *Watchmen*, incluso más allá de esa mirada totalitaria que pretende arrogarse todos los finales y todos los sentidos, ocurre el milagro, simultáneamente termodinámico y metafísico, de que nada termina jamás.

V. «Dishonored»: esquizofrenia videolúdica, tensiones entre el goce y la reflexión

Olmo Castrillo Cano

Ideologías y mundos de ficción

El cine y el cómic, los medios tradicionales a través de los que se articulan las narraciones de superhéroes y vigilantes, hacen normalmente uso de un modelo narrativo aristotélico clásico. El habitual recurso de los multiversos permite reconfigurar los mitos. En consecuencia, varios autores pueden dar distintas versiones de los personajes. Sin embargo, tenemos la posibilidad de centrarnos en una obra y unos autores concretos. Esto facilita el análisis de los valores ideológicos que algunos textos rezuman: podemos observar qué recursos retóricos, narrativos y gráficos, dejan entrever la posición de los autores frente al mundo. Si enunciamos un universo corrupto lleno de personajes abyectos, como *Sin City* (Miller, 2016), de alguna manera justificamos las terribles venganzas que los antihéroes acometen. El lector común no empatizaría con los antihéroes de *Sin City* si la plantilla antagonista (¡el mundo mismo!) fuera menos maniquea en su conjunto. Es por ello que desde muchos frentes críticos puede argumentarse que la obra de Frank Miller está próxima al fascismo y al anarcoindividualismo americano: celebra la violenta victoria–martirio de un individuo aplastado por un sistema democrático corrupto.

Dolezel insiste en la necesidad de acometer el estudio de los universos de ficción entendiéndolos como mundos posibles ontológicamente ajenos a la realidad (1999). Por ello los personajes y el entorno han de ser estudiados desde el texto mismo: los intentos de hacer valoraciones desde nuestra perspectiva ideológica e histórica suponen una deformación del contenido. Dolezel realiza una dura crítica a la interpretación mimética de Erich Auerbach y pide huir de la interpretación de los particulares ficcionales como representación de universales reales (1999, 22–26). Esto es, rechaza ver en el personaje de una obra la representación de un estrato social real. Sin embargo, también señala: «El autor que crea un mundo ficcional literario se inspira del mundo real en muchas maneras: adoptando sus elementos, categorías y modelos macroestructurales, tomando prestados 'hechos en bruto', 'realemas culturales'...» (Dolezel, 1999: 43).

En este momento es importante recordar que el conjunto del «mundo real» no es aprehendido por los sujetos directamente. A la hora de construir nuestra imagen de la realidad estamos en gran medida condicionados por los medios de comunicación, relatos a través de los cuáles la información se encuentra ya procesada. Nuestra ideología, la manera en que entendemos los mecanismos sociales, también condiciona la manera en que interpretamos la realidad. Con esto no pretendemos caer en el relativismo absoluto o el oscurantismo posmoderno que nos aleje de intenciones interpretativas: ¡por supuesto que podemos hablar de hechos reales acontecidos! Nuestra intención es subrayar que el autor de un mundo ficcional también puede introducir no sólo hechos, sino la forma en que él percibe y procesa los mismos: estructuras ideológicas.

Concluyendo, coincidimos con Dolezel que debemos ceder a la tentación de analizar y juzgar un texto de ficción ciñéndonos al marco ideológico dominante en nuestro tiempo pero por otra parte creemos un esfuerzo necesario tratar de encontrar los paradigmas culturales que gobiernan la creación de una obra: renunciar a esto implica negar de forma ingenua la existencia de obras de ficción propagandísticas. Esto no implica convertir al autor en esclavo de una ideología, pues una obra se crea en un momento específico de la vida del sujeto enunciador y por supuesto tiene el derecho de matizar, rectificar o contradecirse en obras posteriores.

Ahora bien, y volviendo a la introducción: si los universos de ficción son mundos posibles que de alguna manera justifican o condenan a los personajes, ajustándolos dentro de un marco ideológico, ¿cómo debemos afrontar el análisis de un texto en el que se contienen varios mundos posibles? El presente capítulo tiene por objetivo analizar un videojuego de superhéroes en el que el jugador posee cierto margen de decisión sobre los acontecimientos que tienen lugar en el mundo de ficción. ¿Es posible extraer una conclusión acerca del enunciado de un relato en el que los procedimientos del justiciero quedan en manos del usuario?

Selección de estudio de caso y breve sinopsis del estado de la cuestión

A la hora de escoger un videojuego en el que se tratase el tema del superhéroe bajo las particularidades del medio encontramos varios problemas:

En primer lugar, la mayoría de adaptaciones de superhéroes tradicionales a videojuegos suele tomar los arquetipos narrativos de sus personajes y trasladarlos a la estructura lúdica de un género conocido (Murray, 1999). Así, por ejemplo, el rico universo de reflexión autorreferencial que Alan Moore compone para *Watchmen* se ve simplificado en el *beat'em up* titulado *Watchmen: The End is Nigh* (Deadline Games, 2009). Roscharch y el Búho Nocturno, personajes que plantean las posibles patologías detrás del vigilante, se ven esquematizados en unos luchadores que hacen frente a oleadas de enemigos. En estos casos tratar de realizar una disección ideológica es definitivamente banal.

Por otra parte, incluso en sagas de cierto prestigio y reconocimiento por parte de la crítica, como las entregas de Batman realizadas por Rocksteady Studios (2009–2015) encontramos el problema del contenido derivativo. Si bien hay algo más de riqueza narrativa, las tramas no hacen sino evocar las historias de ciertos cómics o películas. La función no es por tanto enunciar un mundo de ficción, sino evocar uno preexistente, recordar constantemente al usuario que el juego que disfruta se ambienta en un universo conocido que está reescrito en este nuevo medio. En estos casos todo análisis ideológico será derivativo y por tanto innecesario: ¿por qué analizar la adaptación de una trama cuando podemos acudir directamente al original? Tal vez algunos especialistas podrán encontrar divergencias que resulten interesantes pero el objetivo del presente capítulo no es ése.

Encontramos que el videojuego *Dishonored* (Arkane Studios, 2012) se ajusta a nuestros objetivos. En este título el jugador encarna a un personaje con poderes sobrenaturales que ha de luchar contra una clase dominante corrupta para reinstaurar el orden a la vez que lleva a cabo una venganza personal. Por un lado el mundo de ficción y la historia que plantea son propios. Por otra parte, *Dishonored* incorpora la interactividad del medio dentro de la ecuación, ya que el jugador puede recurrir a distintos estilos de juego y soluciones (sigiloso versus asaltante, letal versus compasivo) y ello tiene consecuencias tanto en el mundo de ficción como en la conclusión de la historia. Nos centraremos principalmente en el primer capítulo de esta saga, excluyendo los capítulos descargables adicionales que se publicaron y la reciente secuela (*Dishonored 2*, Arkane Studios, 2016). Casi la totalidad de lo que extraigamos de la primera parte puede ser aplicado a la segunda, pues es bastante continuista en los aspectos que más nos interesan: el estructural y el lúdico.

A continuación, a modo de pequeño resumen para el lector no versado, haremos un escueto recorrido sobre las diferentes perspectivas bajo las que se ha abordado el estudio del medio.

Cuando los videojuegos comenzaron a ser considerados materia de estudio por parte del academicismo, surgió cierto debate poco fecundo acerca de cuál debía de ser la óptica bajo la que debían ser analizados. Por un lado encontramos a los llamados narratólogos, como Fuller y Jenkins (1995), Murray (1999) y Ryan (2004). Éstos exploraban las particularidades del medio a la hora de narrar historias, sus potencialidades y limitaciones. Por otro, los autodenominados ludólogos, como Frasca (2004), discutían que las herramientas que sus colegas usaban pertenecían a disciplinas ajenas a lo que consideraban la ontología del medio: su carácter lúdico.

En la actualidad el marco se ha ampliado a los llamados mundos de ficción y mundos posibles: Juul (2005), Dolezel (1999) y Planells (2015). Los universos ficcionales engloban un concepto más amplio que las narraciones: puede haber mundos de ficción descritos donde no se desarrollen narraciones pero no a la inversa. De la misma manera, los videojuegos, contengan narraciones o no y al margen de lo relevantes que éstas sean, se desarrollan en universos ficcionales. El estudio de los mundos de ficción parece amoldarse mejor al marco de los videojuegos: son ecosistemas donde pueden albergarse tanto reglas y objetivos lúdicos como historias. No podemos dejar de lado cómo Bogost ha estudiado la potencialidad persuasiva del medio basándose en los procedimientos que gobiernan los sistemas jugables de los videojuegos (2007).

Narración: acontecimientos
y situación del personaje principal en el mundo

Antes de proceder a un análisis pormenorizado de los diferentes elementos significativos que podemos encontrar en *Dishonored*, realizaremos una síntesis de la historia a través de la que se vertebra la estructura de los niveles del título. Para ello usaremos un modelo aristotélico de tres actos como el que desarrolla la mayoría de manuales de guión de corte hollywoodense (Field, 1995): planteamiento (primer acto), nudo (segundo acto) y desenlace (tercer acto). Como particularidad, baste saber que dentro del arco narrativo de *Dishonored* existe un clímax medio o *mid–act climax* que divide el segundo acto en dos partes (Lavandier, 2010:173).

Planteamiento: Corvo Attano, Protector Real (guardaespaldas) de la Emperatriz Kaldwin, regresa a la ciudad industrial de Dunwall tras un fallido viaje en el que trata de buscar solución a la plaga que azota la isla. Cuando se reúne con la Emperatriz, unos sicarios con poderes sobrenaturales, liderados por Daud, se infiltran en la Torre. Corvo intenta defender a la Emperatriz pero la asesinan y secuestran a su hija, Emily Kaldwin. Corvo es acusado injustamente (deshonrado) de haber asesinado a la emperatriz. La conspiración liderada por el Jefe de Espionaje Hiram Burrows toma el control político de la ciudad. El protagonista es encarcelado y aguarda su ejecución.

Segundo acto (primera parte): el protagonista se une a un grupo de opositores en la sombra y se enfrenta al nuevo orden corrupto que los conspiradores han instaurado. Unos benefactores misteriosos ayudan a Corvo a escapar. El barquero Samuel lleva a Corvo a reunirse con un grupo de disidentes en el Hound Pits Pub, un antiguo bar. El grupo de los llamados leales al trono lo conforman el almirante Havenlock y el noble Tervor Pendelton. Posteriormente se unirá a ellos el Decano Martin. Sus fines son rescatar a la hija de la Emperatriz, Emily Kaldwin, y derrocar a Hiram Burrows para restaurar a la legítima heredera. Para ello proponen a Corvo eliminar a los apoyos de Hiram mientras lleva a cabo su venganza personal. Tras un largo día, Corvo descansa y recibe en sus sueños la visita del Forastero, una deidad pagana que le dota de su marca a modo de tatuaje y le otorga poderes.

A lo largo de varias misiones Corvo deberá suprimir al Decano Supremo, los hermanos Pendelton y una de las Boyle. Todos ellos conforman los apoyos económicos y políticos del actual Lord Regente, Hiram Burrows. Éste será el último objetivo de Corvo, refugiado en la Torre de Dunwall, antiguo hogar de la Emperatriz. Durante el desarrollo de estas misiones Corvo liberará a Emily Kaldwyn, nacida de su relación secreta con la Emperatriz, aunque esto se encuentra insinuado en la trama. También secuestrará a la mente más brillante del Imperio, el inventor y artista Sokolov, un auténtico hombre del Renacimiento caracterizado con los clichés del artista: es un vividor aficionado a la bebida y las mujeres. Sokolov se convertirá a posteriori en un aliado de Corvo.

Nótese que el término supresión no se utiliza a modo de eufemismo: el jugador puede elegir entre asesinar directamente a los objetivos o buscar una segunda opción no letal para deshacerse de los mismos. Esta alternativa no siempre está exenta de crueldad y en la mayoría de casos se basa en el concepto dramatúrgico de ironía dramática (Lavandier, 2010: 293). De esta manera, por ejemplo, tenemos la posibilidad de señalar al Decano Supremo grabando a fuego en su rostro la marca reservada para los Herejes y que así sea repudiado por su orden. O también podemos usar los sistemas de megafonía de Hiram Burrows para difundir una grabación en la que él se revela como el causante de la propagación de la plaga en los barrios humildes de Dunwall.

Clímax medio: los leales al trono traicionan a Corvo para hacerse con el control de la ciudad. Tras haber acabado con el complot del Lord Regente, el protagonista se reúne en el Hound Pits Pub con los disidentes para festejar la caída de los traidores. No obstante, el Almirante Havelock, Trevor Pendelton y el Decano Martin tienen otros planes. Pretenden deshacerse de Corvo para que nadie pueda vincularlos con la misteriosa figura que ha hecho caer a Hiram Burrows y sus allegados. Así podrán tomar control político de la ciudad como tutores de la joven Emily. De esta manera ordenan al barquero Samuel que añada veneno la bebida de Corvo. El protagonista pierde la consciencia.

Segundo acto (segunda parte): el protagonista, casi muerto, tiene que recuperarse y enfrentarse a su sombra antes de poder ir a salvar a Emily (descenso a los infiernos y resurrección). Corvo despierta en una barca a la deriva en el Barrio Anegado. Samuel, el barquero, le había dado una dosis no letal de forma intencionada. Nuestro protagonista es prisionero de la banda de asesinos liderada por Daud. Deberá escapar, recuperar sus armas y enfrentarse al sicario que asesinó a la Emperatriz. La figura de este antagonista es posiblemente la *sombra* (Vogler, 2002: 101) de Corvo: un asesino con poderes sobrenaturales que actúa al margen del orden establecido. No obstante, al encontrarse con el protagonista, Daud parece arrepentido: se da cuenta de que al usar su poder de forma despiadada al servicio de los intereses de otros ha desatado el caos en el universo de Dunwall. En cierta forma previene a Corvo de las consecuencias de sus actos como un mentor tardío (Vogler, 2002). Tras decidir si perdona o no a Daud, el jugador debe conseguir que Corvo ascienda a través de las barreras y patrullas del perímetro del Barrio Anegado. Finalmente llega al Hound Pits Pub pero lo encuentra totalmente vigilado por soldados. Llevados por la paranoia, Havenlock y sus aliados han mandado ejecutar a los sirvientes que sabían de la colaboración con Corvo. Luego se han fortificado en el faro de la isla Kingsparrow, llevando con ellos a Emily.

Tercer acto: el protagonista se enfrenta a los traidores y corona a Emily, la legítima heredera. Tras liberar a los supervivientes, Corvo se embarca en su último viaje con Samuel hacia Kingsparrow. Allí se infiltrará y ascenderá por el faro hasta topar con los traidores. Tras enfrentarse a ellos o eludirlos, podrá liberar a Emily. El Forastero narrará entonces el epílogo de la historia. Existen tres versiones de dicho epílogo según los procedimientos que el jugador haya adoptado, aunque podemos dividirlos en dos grupos: el final positivo y los dos finales negativos.

En el primero, fruto de una actuación sigilosa y por lo general compasiva, Emily se convierte en una Emperatriz justa asesorada por su padre Corvo. Los antiguos competidores Sokolov y Piero distribuyen el remedio de la plaga entre las clases bajas y se restablece un equilibrio social. Veremos celebrar a Samuel y a otros personajes de clase obrera una era mejor.

Por otra parte, si el jugador ha sido poco discreto y no ha tenido reparos a la hora de asesinar, Emily se convertirá en la emperatriz de un mundo corrupto en el que la plaga sigue extendiéndose, las bandas toman las calles y Samuel acaba muerto. Por último, si el jugador ha sido realmente sanguinario, habrá una versión aún más oscura del final anterior: el discurso del forastero será más áspero y como última imagen tendremos la tumba de Emily.

Debemos subrayar aquí la universalidad política del final positivo desde un nivel discursivo. O de otra manera: el relato en el que las clases bajas salen de la miseria está inscrito en el discurso de casi cualquier programa electoral. Hay que entender que, aunque obviamente es más que cuestionable, el discurso del conservadurismo económico vende la ilusión de que un mayor crecimiento y menor control de los económicamente poderosos acabará repercutiendo en el bienestar de las clases menos favorecidas. De la misma forma, los otros dos posibles finales son universalmente negativos desde un punto de vista discursivo: no podemos encontrar ningún sistema político que públicamente venda la idea de criminalidad y enfermedad como factores socialmente aceptables. Es por tanto imposible asociar cada epílogo con un discurso ideológico, aunque quizás sí con un fondo: el neoliberalismo y la descentralización abogan por una polarización social, estableciendo fábricas en países tercermundistas.

En este punto es necesario reducir al mínimo la estructura narrativa expuesta y ver qué usos retóricos puede tener. *Dishonored* es una clásica historia en la que un sujeto se ve sometido a una injusticia a partir de la cual deberá trazar una venganza. En nuestro caso Corvo es incluso traicionado en dos ocasiones. Este tipo de escenarios son un recurso habitual a través del cual los narradores buscan la empatía de los receptores: si vemos el sufrimiento y la caída en desagracia de un personaje es más fácil que nos identifiquemos con él, incluso aunque el personaje se haya mostrado vil con anterioridad. Así, cuando el protagonista ejecuta su venganza, el receptor puede gozar de la misma de forma vicaria.

Casi toda la filmografía del director Quentin Tarantino posterior al 11–S utiliza esta estructura narrativa de forma transparente. *Kill Bill Vol. 1* (2003), *Kill Bill Vol. 2* (2004), *Death Proof* (2007), *Iglourious Basterds* (2009) y *Django Unchained* (2012) retratan a protagonistas maltratados por antagonistas irredimibles. Sería ingenuo pensar que cualquiera de los citados films es un alegato en defensa de ciertas libertades, ya sea de los judíos, los negros o las mujeres. El interés de Tarantino es aquí tomar un arquetipo de injusticia universalmente reconocido para permitir a sus espectadores gozar a través del espectáculo de la violencia. «¡Ellos se lo merecen!», dicta retóricamente la narración que ni de lejos pretende profundizar en la problemática del racismo o las discriminaciones. Si hay que situar estas películas en una categoría política es en el fascismo, ya que celebran el uso y goce de la violencia como respuesta ante un problema.

Por el contrario, Alejandro Dumas y Auguste Maquet tomaron la misma estructura en *El conde de Montecristo* y la matizaron para convertirla en una reflexión acerca de las posibles consecuencias negativas del instinto de venganza. Si bien la primera parte de la obra se centra en la planificación y ejecución de la *vendetta* por parte del injustamente encarcelado Edmond Dantès, al final éste tendrá que poner freno: sus acciones están teniendo nefastas consecuencias para terceros inocentes.

Nuestra hipótesis es que ambos usos de la estructura narrativa de venganza (el que supedita todo a un goce obsceno violento y el que pretende iniciar una reflexión de corte moral) están incluidos de forma simultánea y esquizofrénica en el texto videolúdico que estudiamos. Como obra lúdica, *Dishonored* ofrece un contexto y unos poderes al jugador que sin duda se prestan a incentivar una sangrienta venganza. Como narrativa de la que emergen dos mundos ficcionales posibles, el juego nos recuerda constantemente las consecuencias de hacerlo. ¿Cómo pueden conciliarse estos dos discursos aparentemente contradictorios?

Universos de ficción, sistemas lúdicos, narrativa y sus relaciones en «Dishonored»

Los límites entre la parte jugable, el mundo ficticio y la narrativa se tornan cada vez más difusos en algunos títulos contemporáneos, como es el caso que nos ocupa. A mayor riqueza ficcional se hace más necesaria una integración coherente de la misma dentro del *gameplay*: ¿qué sentido tendría para el jugador la evocación de un universo seductor si luego se le niega la posibilidad de interacción con él? Incluso las posibles contradicciones entre el tema ficcional y el tema lúdico han suscitado debates en el seno de la industria (Hocking, 2007): si el argumento y el universo de un videojuego proponen unos temas, ¿por qué los procedimientos que el juego nos obliga a cumplir los contradicen? Por tanto, consideramos necesario hacer un breve repaso de los elementos semánticos distribuidos dentro de *Dishonored* y la manera en que se relacionan.

En primer lugar encontramos un mundo ficcional: dentro del universo en el que jugamos existe una organización social, un sistema político, una arquitectura, una Historia previa, etc. Los elementos de este mundo generan una semántica ficcional que se extiende más allá de lo abarcado por el texto, ya sea en su parte interactiva o en la expositiva: como jugadores, cuando visitamos un nivel sabemos que también hay otros barrios y lugares de la ciudad a los que no podemos acceder, forma parte del pacto suspensión de la incredulidad.

Por ejemplo, de un espacio del juego podemos extraer los siguientes significados ficcionales y relaciones causales: «A través del río llegamos hasta un barrio pobre. Las casas están mal cuidadas (comparadas con otras que hemos visto) porque sus habitantes no tienen dinero. La extrema vigilancia y las barricadas dan a entender que el barrio está en cuarentena. Algunas de las viviendas están abandonadas y hay pocos elementos de valor. Muchos de sus moradores están enfermos: son afligidos que han perdido la consciencia y actúan como muertos vivientes. También hay ratas, ya que son las transmisoras de la plaga. Los soldados quieren impedir que los enfermos crucen el puente: al otro hay una opulenta mansión en la que se celebra una fiesta. Los ricos quieren beber y divertirse en su mascarada sin saber nada del resto de los ciudadanos».

Por otro lado, el mundo lúdico se encuentra contenido dentro del mundo ficcional. Son los diferentes niveles que componen el videojuego: unas coordenadas espaciotemporales concretas en ese universo. Hay que entender que la capa lúdica no es una duplicación o extracción de determinados fragmentos del mundo de ficción convertidos en juego: es un solapamiento que convierte ciertos elementos ficcionales (objetos y personajes) en objetos sometidos a reglas lúdicas. Siguiendo el ejemplo del nivel anterior: «En este barrio hay varias casas, aunque la puerta de ésa parece apuntalada. Si utilizo el poder de 'guiño' (una mecánica de juego) puedo trepar hacia la cornisa y colarme por una ventana. Probablemente haya afligidos o ratas que me ataquen. Puedo intentar saquear algunas de las casas abandonadas para obtener dinero y talismanes (recursos del juego). Cuando vaya a cruzar el puente, hacia la mansión (un objetivo del juego), debo tener cuidado con los guardias (enemigos) o deshacerme de ellos, de lo contrario acabarán conmigo (*game over*)».

Por último, la narrativa, la historia expuesta en el epígrafe anterior, es en este caso la guía, la carta de navegación que marca qué espacios y tiempos ficcionales conformarán los niveles lúdicos. Para Ryan (2004) un texto narrativo debe cumplir ciertos requisitos. Primero, debe contener un mundo habitado por personajes y objetos (esto es, un mundo de ficción). Después, el mundo debe pasar por una serie de cambios de estado causados por eventos no habituales cuyo origen puede ser la acción humana deliberada o los accidentes. Estos cambios crean una dimensión temporal. Para terminar, el texto debe permitir la reconstrucción de una red interpretativa de objetivos, planes, relaciones causales y motivaciones psicológicas alrededor de los hechos narrados. Esta red es lo que da legibilidad a los eventos y los convierte en una trama o argumento. Las secuencias de video, conversaciones, asignaciones de misiones y otros acontecimientos no interactivos indican las causas, efectos y cambios en el estado del mundo que nos dictan por qué el avatar que representamos tiene que cumplir unos objetivos en una zona, dan un sentido narrativo al juego y a la selección de espacios y tiempos del mundo ficcional.

Finalizando con el ejemplo que hemos seguido en los dos puntos anteriores: «Corvo, nuestro avatar, forma parte de la Conspiración de los Leales al trono. Su intención es derrocar al traidor Hiram Burrows, proclamado Lord Regente. Para ello Corvo tiene que deshacerse de los apoyos económicos, políticos y religiosos que Hiram tiene a lo largo de la ciudad. En este capítulo el objetivo del protagonista es infiltrarse en la mascarada de las hermanas Boyle, aristócratas hedonistas. Debe descubrir cuál de las Boyle es la amante del Lord Regente y financia su ejército. Luego deberá deshacerse de ella. Llegamos al barrio tras la mansión de la hermanas pero nos encontramos con que está vigilado. Tendremos que abrirnos camino para llegar a la fiesta entre los guardias zancudos que patrullan las calles y los afligidos refugiados en las ruinosas viviendas...».

Estas tres dimensiones se encontraban escindidas de forma clara en videojuegos primitivos, en los que a veces la parca narrativa y el escaso desarrollo del mundo ficcional estaban sintetizadas extratextualmente en el manual del videojuego. Posteriormente, con el paulatino avance tecnológico de los soportes, el desarrollo narrativo–ficcional fue desplazado hacia secuencias de vídeo no interactivas. La llegada de títulos como *Half–Life* (Valve Corporation, 1998) y posteriormente *Bioshock* (Irrational Games, 2007) marcaron una tendencia en la que los acontecimientos que guiaban la historia y los elementos semánticos ficcionales estaban integrados dentro de un *continuum* lúdico casi ininterrumpido en el espacio de juego. *Dishonored* sigue esa tendencia, difuminando los límites y aunando de forma orgánica representaciones figurativas que significan tanto en lo ficcional como a nivel lúdico. Estos intercambios podrían clasificarse como ludoficcionales, ludonarrativos y narrativoficcionales.

Tal y como Juul desarrolla (2005) los intercambios ludoficcionales, ejemplificados anteriormente, suceden cuando los niveles y elementos lúdicos se solapan sobre el mundo ficcional, creándose intersecciones semánticas. Los gráficos que representan una vivienda y sus contenidos en *Dishonored* pueden significar en uno o varios sentidos. En este caso debemos destacar un gran esfuerzo del equipo desarrollador por mantener una obsesiva coherencia entre ambos términos: es muy difícil encontrar recursos lúdicos que no atiendan a una cuidadosa lógica ficcional. En muchos juegos podríamos encontrar un paquete de munición en sitios no causales (incluso flotando en el aire) y sería admitido. Por el contrario, en *Dishonored* se crean redes de significación en ocasiones bastante más complejas. Por ejemplo, en la planta baja de la mansión del doctor Galvani podemos recoger virotes de ballesta clavados sobre un cartel de «Se busca». El cartel de recompensa retrata a Slackjaw, el jefe de una banda criminal que tiene su guarida un par de calles más abajo. De hecho en varios momentos podemos interactuar con él: nos da misiones con objetivos dentro de la estructura lúdica y también es referido por otros personajes, como Doña Andrajos, aludiendo a su naturaleza ficcional. Continuando con el cartel, éste se encuentra en las humildes habitaciones de descanso y recreo de los guardias, en la planta baja de la mansión del doctor. Podemos imaginar que los guardias están planeando capturar al bandido para cobrar la recompensa. Así, un simple recurso de juego, la munición, aparece vinculado a una compleja y exhaustiva red de micronarraciones que como veremos ayuda a perfilar la estratificación social del mundo. Sería ingenuo pensar que la disposición de los elementos citados corresponde a un criterio arbitrario.

En la misma línea, los guardias patrullan y tienen comportamientos prefijados, como en otros juegos de sigilo: reaccionan al sonido de forma reconocible, sus «conos de visión» tienen un alcance determinado, etc. A un nivel son entidades, objetos del juego. Su inteligencia artificial, aunque tiene cierto grado de flexibilidad, está regularizada para que pueda ser entendida por el jugador, ya que nada podría resultarle más frustrante que una incoherencia lúdica arbitraria. Sin embargo, y sin dejar de ser entidades u objetos lúdicos, los guardias también se manifiestan eventualmente como sujetos ficcionales: se paran y hablan entre ellos y el jugador puede escuchar sus conversaciones si no los interrumpe. La naturaleza de estas conversaciones puede servir para perfilar el universo de ficción, dando detalles de contexto (sobre qué hablan en el día a día los soldados de la ciudad), pistas sobre cómo abordar el espacio o incluso referir a la trama principal.

Por otra parte, no debemos olvidar que los procedimientos que elija el jugador matizarán con sutiles variaciones el estado del mundo en niveles más avanzados: si el usuario hace saltar alarmas, mata a más de cierto número de guardias o acaba de forma directa con los objetivos de la misión hará que en los niveles posteriores haya más ratas, infectados por la plaga y un mayor número de soldados patrullando. Así, de alguna manera los procedimientos lúdicos dependientes de las decisiones morales del jugador tendrán un pequeño margen de influencia en la composición de contenido de los niveles venideros.

Llamamos ludonarrativa a los intercambios significativos que se dan entre la historia de un videojuego narrativo y el *gameplay* o la parte jugable. Es decir, cómo la historia determina los objetivos a cumplir y sobre todo, y esto es mucho más fecundo, a cómo la dimensión lúdica refleja, complementa o entra en contradicción con los propios temas del argumento. Debemos incluir aquí la posibilidad de que el jugador elija el uso de un determinado tipo de mecánicas en detrimento de otras y se generen dinámicas distintas (sigilo en oposición a combate). En este sentido, *Dishonored* plantea una estructura de misiones y objetivos fijos genéricos del tipo «llega al punto *a* y elimina al objetivo *x*» que pueden ser acometidos de varias maneras. Tenemos la posibilidad de buscar rutas alternativas para evitar confrontarnos con los guardias o hacer uso de todo el arsenal del que dispongamos. También existe la opción de asesinar directamente a los objetivos o la de buscar una solución que no implique violencia explicita, como hacer público un oscuro secreto para que sean encarcelados. La elección de unos procedimientos frente a otros no altera la estructura pero si permite generar diferentes desenlaces o «finales» del juego en la conclusión del recorrido.

Por último, los intercambios entre el universo ficcional y la narrativa son los más evidentes, ya que se dan en otros medios. Tal y como comentábamos al inicio de este capítulo, la descripción de un determinado entorno y de los personajes que lo habitan condiciona y puede dar cierta justificación a los objetivos e intereses del protagonista. De la misma manera, muchos de los acontecimientos narrados sirven para exponer y matizar el contexto del mundo. Aunque una lógica jerárquica nos dicte que las narraciones están contenidas dentro de mundos, bien es cierto que el usuario sólo accede a esos mundos a través de lo que la narración ordena en los medios narrativos tradicionales. Este paradigma cambia con el videojuego, que nos permite acceder a mucha información adicional sobre el mundo a través de la exploración de zonas opcionales.

Fuentes semánticas

Como hemos visto hasta ahora, intentar diseccionar una de estas dimensiones para establecer cuál es el discurso del videojuego nos da una imagen parcial, ya que los intercambios semánticos son todo el sistema nervioso del cuerpo del texto. Más aún, ignorar parte de los elementos semánticos nos hace caer en el peligro de ser tendenciosos: reconstruimos el discurso que queremos leer a partir de una selección arbitraria (con mayor o menor grado de conciencia). Éste es un error frecuente cometido por parte de la prensa a la hora de crear relaciones entre videojuegos polémicos y hechos de carácter sensacionalista.

Procederemos por tanto a analizar los diferentes apartados del texto para establecer si a través del universo, la historia y el juego se vehicula algún tipo de discurso. ¿Qué tipo de sentimientos y pensamientos quieren los desarrolladores que tengamos acerca de la ciudad de Dunwall? ¿Pretenden de alguna manera orientar al usuario respecto a asuntos sociales, políticos o ideológicos contemporáneos? Y, sobre todo, teniendo en cuenta el carácter interactivo, ¿promueve Arkane Studios algún tipo de comportamiento dentro del juego?

Para ello disponemos de las fuentes que a continuación se enumeran. Hay que entender que cada fuente puede dar información referente a cualquiera de los tres campos.

Por un parte tenemos secuencias de vídeo no interactivas o de interactividad limitada (en las que sólo podemos mover la cámara). Estás conforman el grueso de la narración pura: se nos muestran los elementos inamovibles de la historia que van a determinar la estructura del texto videolúdico. A veces pueden existir dos versiones de una misma secuencia con matices distintos (casi siempre binariamente, por economía de producción) como resultado del desarrollo de la historia.

La representación estética del espacio y sus habitantes es sin duda una rica fuente de recursos retóricos. Al encontrarnos en un medio audiovisual podemos inspeccionar el uso de colores, luz y las connotaciones de la representación para obtener mucha información acerca de la intencionalidad enunciativa de los autores. *Dishonored* cuenta con un estilo gráfico manifiestamente pictórico: las transiciones entre colores recuerdan a los a trazos de pincel o a los cercos que dejan en ocasiones las veladuras de los acrílicos o las acuarelas. De la misma manera existe una representación hipertrófica de los rasgos faciales y de las siluetas más próxima al cómic que al hiperrealismo. Nuestra estrategia aquí será encontrar patrones comunes de representación entre personajes de una tipología social.

Hay un uso abundante de *tableaux vivant* o «cuadros vivos»: en ocasiones los desarrolladores convierten en sujetos a los objetos de juego, reforzando la doble dimensión (lúdicoficcional) de los mismos. Al ejemplo de las conversaciones entre los soldados antes mencionado podemos añadir interacciones entre transeúntes. También podremos presenciar acusaciones, acosos y otro tipo de conflictos en los que el personaje tiene la posibilidad de intervenir a favor de un bando u otro.

No debemos olvidar las fuentes puramente auditivas. El usuario puede escuchar frecuentemente los avisos de una megafonía totalitaria por las calles. Este recurso es tremendamente efectivo en el videojuego, pues no interrumpe su exploración y le permite conocer los mensajes que las autoridades dan en oposición a los hechos que él conoce. Además, el usuario puede encontrar y activar diarios grabados para escuchar reflexiones u observaciones de otros personajes.

Los avisos extradiegéticos que informan al jugador de sus posibilidades ludonarrativas tienen una gran importancia a pesar de no ser muy abundantes. Así, cuando un texto irrumpe la acción para avisar al jugador de que sus actos tendrán consecuencias en el final de la obra, está sin duda condicionándolo o al menos hará que se tome un momento para reflexionar acerca de su forma de proceder (Navarrete, 2012).

Los documentos escritos que el usuario puede recoger y leer a lo largo de los niveles pertenecen a diferentes categorías. Por un lado tenemos textos que ayudan a perfilar la cultura del universo ficcional: canciones populares y de marineros, voluptuosas obras de teatro de la alta burguesía, textos religiosos, etc. También hay diarios o reflexiones de los habitantes del universo, un recurso habitual en los videojuegos: podemos leer las anotaciones de los últimos días de vida de un contagiado junto a su cadáver o las conclusiones del doctor Galvani acerca del origen de la plaga en su laboratorio. Por otra parte existen noticias, prescripciones para los soldados, toques de queda, etc. En definitiva, instancias de un orden superior. Es cierto que los documentos escritos pueden suponer un medio muy económico en términos de producción a la hora de añadir información. Sin embargo, a nuestro parecer juegan en contra del medio al ser un elemento que paraliza la capacidad de actuación del jugador y lo traslada de un medio audiovisual interactivo a un escrito, rompiendo la capacidad de inmersión. Acudiendo a una máxima del guion tradicional hollywodense: no se lo cuentes, muéstraselo (y en el caso de los videojuegos, ¡deja al jugador tomar partido!). Por ello, a pesar de su abundante uso en *Dishonored*, los consideramos de menor peso respecto a otros basados en la retórica visual.

La ciudad de Dunwall y sus habitantes: Contexto ludoficcional

La ciudad de Dunwall se encuentra en una isla que forma parte de un archipiélago. Guarda bastantes similitudes con las ciudades industriales del siglo XIX, en concreto con el Londres victoriano: es una ciudad gris en la que la que florece la ciencia y los inventos pero en la que también persiste un viejo mundo irracional, mágico y pagano. La caza de ballenas es uno de los motores de la economía, pues el aceite de éstas es la principal fuente de energía para toda la maquinaria emergente. A veces se ha citado el universo del título como perteneciente al *steampunk*: aunque no hay un uso de la tecnología a base de vapor, es cierto que guarda ciertas similitudes con esa tendencia estética.

El sistema político de *Dishonored* tiene bastantes similitudes con una monarquía parlamentaria: existe un Emperador o Emperatriz, título que se hereda por línea sanguínea directa, y un Parlamento desde el que se regula el poder del mismo para evitar que se cometan abusos. En el momento en que el juego se desarrolla, una plaga transmitida por las ratas está azotando los barrios bajos de la ciudad. El asesinato de la Emperatriz y la toma de poder por parte del Hiram Burrows y sus aliados marca el punto en que el jugador comienza a interactuar con el universo.

La mayoría de videojuegos de acción y exploración hacen uso de mundos hostiles y distópicos a los que el jugador ha de enfrentarse. *Dishonored* no es una excepción: en la ciudad de Dunwall está sacudida por una serie de tensiones y conflictos con los que el usuario, encarnando a Corvo, deberá lidiar.

En primer lugar, la sociedad se encuentra profundamente dividida, con una casi total ausencia de la clase media. De un lado tenemos a los políticos, nobles, burgueses acaudalados, militares de alto rango y al clero de la religión oficial. De otro las clases bajas trabajadoras, entre las que podemos distinguir un amplio espectro: sirvientes, soldados rasos, bandas callejeras, pescadores, prostitutas y, en lo más bajo, los afligidos.

Haciendo un análisis cuantitativo, el retrato de la clase alta que hacen los desarrolladores es muy negativo, aproximándolos al despotismo y a los totalitarismos.

El único personaje noble al que se atribuye un valor positivo es a la Emperatriz, preocupada por los menos favorecidos, los afectados por la plaga, aunque estos pertenezcan a los estamentos más bajos de la sociedad. En cierta medida representa un vínculo entre las dos clases. Es extraño cómo se atribuye esta beatitud al personaje por el simple hecho de ser la corona, recuerda al fetichismo británico por la monarca[1].

El resto de la alta sociedad está caracterizada con atributos negativos. El Decano Supremo, celoso perseguidor de lo pagano y supuestamente célibe y austero, tiene una cámara secreta en el sótano de la mansión dedicado a los placeres carnales: cómodos sofás, botellas de alcohol y sostenes por el suelo delatan la hipocresía de Campbell. Éste es un claro ejemplo del arquetipo del personaje que en su vida secreta acomete los mismos actos que denuncia y persigue en la vida pública. Además, se propone asesinar a un

---

1 Por el contrario, en la secuela de *Dishonored* la antagonista resulta ser una hija ilegítima del Emperador, la bruja Delilah Copperspoon. En este sentido la irracionalidad y la magia que destruyen el orden son fruto de los «pecados» de la corona.

capitán de la guardia al que no puede corromper. Los hermanos Pendelton son los dueños de unas minas donde trabajan esclavos y también poseen el burdel *The Golden Cat*, regentado por una cruel madame que trata con mano de hierro a las prostitutas (otra forma de esclavitud). Las hermanas Boyle se dedican a dar opulentas fiestas y mascaradas para la burguesía mientras que al otro lado de los muros de su mansión la gente muere por la plaga y los zancudos *tallboys* ponen a raya a los afligidos. Hedonismo desmedido y vanidad. El clasista Jefe de Espionaje Hiram Burrows es ladino y ha urdido el asesinato de la Emperatriz para proclamarse Lord Regente con el apoyo de los personajes antes citados. Además, en secreto ha sido el causante de la plaga que azota los barrios de la clase más baja.

Hay un segundo grupo de personajes que en principio actúan como aliados de Corvo: el Almirante Havenlock, el hermano menor de los Pendelton y el decano Martin. Se dicen leales al trono y quieren restaurar el orden anterior. Sin embargo, en un punto intermedio de la trama, cuando Corvo ha completado todos los objetivos que le han encomendado, deciden deshacerse de él, tal como vimos en el epígrafe dedicado a la síntesis de la narración. Desde el principio del juego podemos observar como algunos de ellos están caracterizados de manera poco amable: las grabaciones de Trevor Pendelton muestran su lamento constante por la falta de comodidades y su afición a la bebida.

La característica principal de los sirvientes es la resignación. Esto queda ejemplarizado en los monólogos que podemos escuchar de las asistentas, que incluso aluden a abusos sexuales: «Tengo que conservar este trabajo. Si me dice que le lleve una botella, se la llevo. Si me pide comida, se la llevo. Si me dice que me desnude, me desnudo». No obstante, Samuel, el barquero, que duerme como un paria en un cobertizo improvisado, parece tener cierta iniciativa cuando el momento lo requiere. Además de impedir la muerte de Corvo, lo somete a un juicio moral en su último viaje, condenándolo o redimiéndolo según la destrucción que el jugador haya sembrado a su paso.

Otra de las grandes tensiones se encuentra entre la religión oficial, la Abadía de Quídam, y el paganismo al que algunos grupos y las clases más bajas se aferran. La Abadía está vinculada a los poderes políticos y guarda muchas similitudes con el catolicismo: sus Siete Censuras son sin duda derivadas de los llamados pecados capitales. La tecnología, a pesar de estar avanzando a pasos agigantados gracias a Sokolov y la Academia, también parece servir al poder dominante. En el universo de *Dishonored* la magia existe asociada a la brujería, lo irracional y lo pagano. Muchos rinden culto a la figura del Forastero, una entidad que otorga poderes a aquellos que le sirven. La Abadía persigue toda manifestación de este culto a la manera de la Inquisición española. Tenemos por tanto un nuevo orden tecnológico y racional vinculado a la religión oficial enfrentado a un viejo mundo pagano de magia e irracionalidad. Esta dicotomía guarda cierto paralelismo con la cultura emergente de la Europa finales del XIX y principios del siglo XX, en la que los nuevos inventos y avances tecnológicos convivían con el mundo de los médiums.

Las clases sociales se encuentran también muy diferenciadas desde el punto de vista de la representación gráfica. Así, las figuras de los nobles y los objetivos de Corvo, personajes importantes, aparecen modelados de manera estilizada, incluso aunque sean corpulentos. Sus rostros oscilan entre lo severo y lo mezquino. Por otro lado, la silueta de la clase obrera y de los soldados rasos es más desgarbada. Se pretende acentuar el embrutecimiento del trabajo físico a través de una musculación exagerada y de una desproporción de los miembros que los alejan de lo apolíneo y los acercan a lo simiesco. Los rostros están surcados por arrugas, los brazos por cicatrices y heridas. El trabajo físico excesivo al que se somete a las clases trabajadoras deforma a los habitantes de las islas, los achata, baja su centro de gravedad y marca sus cuerpos. La frivolidad de las clases altas les permite recrearse en su narcisismo.

La voluntad de narrar los orígenes sociales a través de la anatomía ha sido declarada por parte del equipo artístico en referencia a un personaje de la secuela:

> Como hemos hecho con muchos otros personajes principales, nos centramos en mostrar la historia de Aramis Stilton a través de su anatomía y su indumentaria. Antaño minero, Aramis es ahora un miembro rico de la sociedad. A pesar de que sus buenas prendas se ajustan a alguien de su posición, su físico es aún el de un hombre acostumbrado a una vida de trabajo. (Mitton, 2016).

Las tensiones sociales también se traducen en una dicotomía en el espacio de la ciudad de Dunwall. De una parte las calles principales se encuentran iluminadas, con edificios estilizados y bien cuidados. Consecuentemente estas avenidas están más vigiladas por guardias. En contraposición encontramos multitud de callejones y edificios abandonados que suponen rutas alternativas por las que podemos escurrirnos para evadir la amenaza militarizada. Sin embargo, estos otros caminos no están exentos de peligro: podemos tropezar con peligrosas bandas de matones, hordas de ratas y con los portadores de la enfermedad. La ciudad también está dividida por barreras de electricidad alimentadas de aceite de ballena: éstas marcan las líneas de los guetos, separando a los pobres y a los infectados de las clases sociales más altas. La paleta de colores de ambas zonas se encuentra claramente diferenciada: los grises azulados y verdosos de los barrios bajos se contraponen a los cálidos tonos anaranjados en los hogares pudientes. Quizás el epítome de está escisión social lo encontramos en el nivel en el que tenemos que infiltrarnos en la mansión de las hermanas Boyle: los coloridos fuegos artificiales son un recordatorio constante en el horizonte de que alguien se divierte mientras nos arrastramos por un mundo gris lleno de enfermos.

Como conclusión, el mundo de *Dishonored* se caracteriza por la marcada desigualdad social. Las clases altas se definen por un mezquino abuso de poder y un ejercicio de totalitarismo. La miseria que engendra esta desigualdad desemboca en una clase baja marcada por la criminalidad y la enfermedad. En consecuencia, la ciudad de Dunwall se perfile como un distópico mundo hostil, con un orden corrupto como epicentro de casi toda la violencia, lo que genera el problema lúdico al que jugador se enfrenta. Ahora bien, es necesario observar que los desarrolladores emplazan a Corvo y al jugador en una posición muy marcada dentro de esta división.

En primer lugar, los poderes sobrenaturales que Corvo recibe al comienzo de la historia son un regalo del Forastero, figura representativa de lo irracional y lo pagano. La fuente del poder de Corvo, las diferentes habilidades que puede usar el personaje, pertenecen por tanto a una fuerza opuesta al orden. La magia es el arma más poderosa del protagonista a la hora de hacer temblar una supuesta racionalidad corrupta. Es cierto que el jugador también hace uso de armas y otros dispositivos pero no llegan a ser tan efectivos como los poderes que podemos adquirir del Forastero.

Por otra parte es crucial observar cómo se configura el viaje del personaje lo largo de la mayoría de niveles. Samuel el barquero lleva a Corvo, cual Caronte, a zonas bajas de la ciudad. El protagonista debe ascender, en la mayoría de casos en el sentido estricto del término dado el componente de verticalidad en los niveles. Sólo así llegará hasta el refugio de sus objetivos: las oficinas del Decano, el ostentoso burdel de los Pendelton, la mansión de las Boyle, la Torre, el faro de la isla Kingsparrow, etc. Y aunque se reúna con los leales al trono, sus aposentos no son unas cuidadas habitaciones como las de Pendelton o Havenlock: el dormitorio de Corvo se encuentra en un destartalado ático. Corvo es siempre una sombra que emerge de los lodazales de la de miseria de la ciudad para alcanzar a sus causantes.

A modo de conclusión, debemos decir que el contexto ludoficcional, con sus recursos retóricos visuales y micronarraciones, exponen

los temas del juego y la historia con mayor contundencia que las secuencias de vídeo o pequeños filmes expositivos. El contexto en el
que se sitúa a Corvo sin duda invita al jugador a justificar su venganza.

El «gameplay» y sus influencias
en la ciudad de Dunwall

Podemos consultar dos valiosas entrevistas realizadas a raíz del
lanzamiento de *Dishonored 2* en las que tanto el director creativo,
Harvey Smith, como el director de diseño de niveles, Christophe
Carrier, apuntan a cuáles podrían ser las intenciones ideológicas detrás de la saga.

En el primer texto (Suellentrop, 2016) el entrevistador recuerda
que la periodista Cara Ellison ha catalogado los juegos de Smith
como «salpimentados con un particular cinismo acerca del control
gubernamental, una personal y profunda expresión de la división
ricos–pobres y una expresión de la ansiedad sobre la violencia como
una solución para todo». Smith responde que no se considera un
tipo antigubernamental, sino que por el contrario cree firmemente
en la red de la seguridad social y en la división de la riqueza. Esto lo
situaría en una posición contraria al anarco individualismo americano. Pero por otra parte no puede dejar de observar los mecanismos
económicos y políticos y ponerlos en duda. Smith también afirma
que si tiene que elegir entre una versión canónica de la historia, diría
que es la versión *caos bajo* (esto es, el jugador intenta no matar ni ser
visto). Esto concuerda con los diferentes finales: podemos afirmar
que, desde el punto de vista de la ludonarrativa, *Dishonored* como
texto promueve que una actuación contenida y poco violenta genera
un mundo posible *muy superior* al producto de que aquellos que se
entregan al goce de la venganza.

Por otro lado, cuando al director de diseño de niveles Christophe
Carrier se pregunta directamente acerca del mensaje o significado de
la saga, su respuesta parece bastante más elusiva:

El diseño de sistemas dentro del juego permite al jugador usar su creatividad en el sentido de que el mundo responde a sus deseos en términos lógicos (dentro del canon del juego). Construir sistemas (en el sentido más amplio de la palabra) es lo que los diseñadores de juego hacen principalmente en Arkane (Jones, 2016).

Como podemos observar, la respuesta de ambos cocreadores difiere radicalmente porque cada uno aborda la cuestión desde una perspectiva del texto distinta. Mientras que Smith contempla el mundo ficcional y sus posibles divergencias como parte fundamental del texto, para Carrier el centro de toda la construcción del juego es el deseo del jugador.

Desde este punto de vista no podemos dejar de lado como el eslogan de la campaña publicitaria de *Dishonored* era «la venganza lo resuelve todo». De la misma forma, se promocionaron varios vídeos en los que se mostraba muchas de las maneras de conseguir «muertes creativas» combinando poderes y artilugios. Podemos concluir por tanto que *Dishonored* se vendió como una fantasía de poder en un entorno distópico en el que el jugador podría dar tienda suelta a sus deseos de destrucción. En este sentido, el título se configura como la historia de goce de la venganza definitiva: a diferencia del espectador, el jugador puede interactuar con el mundo de ficción y decidir cómo acabar con sus enemigos. No hay que olvidar que uno de los elementos más icónicos es la máscara de Corvo. Cuando el personaje se tapa el rostro con ella, Piero le recuerda que ya podrá operar sin que nadie conozca su identidad. A un nivel extratextual, esta afirmación alude a la relación del usuario con el universo ficcional: el jugador usa a Corvo como máscara tras la que poder actuar.

Ahora bien, tras adentrarnos en un juego que nos invita a gozar mediante el asesinato creativo, el propio título nos muestra su contradicción inherente. A través de unos textos a modo de tutorial, *Dishonored* nos señala que podemos usar el sigilo en vez de la confrontación directa y que las matanzas indiscriminadas tendrán consecuencias en el universo y en el final de la historia. Al igual que la máscara, existe otro elemento de fuerte componente extradiegético: el Forastero. Si el usuario encuentra los altares que se esconden por Dunwall, Corvo tendrá una visión del Vacío donde la entidad que le otorgó los poderes comentará la misión en la que está sumido. El Forastero nos recuerda que la forma en que acabará el capítulo no está aún escrita: actúa a modo de recordatorio de los desarrolladores de que las posibles iteraciones son parte del juego. Es en este punto donde el título de Arkane se aproxima al carácter reflexivo de *El conde de Montecristo*.

Uno de los mayores aciertos de *Dishonored* es no dejar que las citadas iteraciones ficcionales queden en manos de elecciones puntuales del jugador dentro de árboles de diálogo, como es habitual en otras sagas con ingredientes de rol como *Mass Effect* (Bioware, 2007– 2017). El juego tiene un sistema que evalúa el *caos* engendrado en cada nivel baremando las muertes de enemigos e inocentes y las veces que Corvo ha sido avistado. A partir del *caos* de cada episodio se genera una media de *caos global*. En consecuencia, lo que el sistema juzga no son exactamente los procedimientos del jugador, sino los resultados de dichos procedimientos. Obviamente, como todo sistema que pretenda coquetear con cuestiones morales desde una perspectiva matemática binaria (caos bajo versus caos alto), puede ser objeto de cuestionamientos críticos. ¿Realmente la diferencia entre quince y dieciséis muertes en una zona puede originar la corrupción de la futura emperatriz? Además, el sistema valora igualmente los asesinatos premeditados que los que se originan por una situación accidental.

En la secuela se ha querido sofisticar más el sistema pero el embrollo resultante es aún mayor. Con una herramienta (el Corazón) el jugador puede «leer» el interior de los diferentes individuos. Así, de forma dinámica, al principio de cada nivel se le asigna a cada guardia un valor moral. Podemos descubrir que uno de nuestros adversarios hace horas extra para donar dinero a la beneficencia mientras que otro es decididamente cruel. Matar a individuos perversos eleva menos el caos que matar a guardias bienhechores. Este enfoque deriva sin duda hacia una peligrosa tendencia pro pena de muerte en la que «matar a la escoria» penaliza menos la consecución de un final positivo.

Volviendo a *Dishonored* como un juego centrado en la creatividad, ¿se permitió al jugador sigiloso y pacífico ser igual de creativo que aquél que optó por convertirse en un vengativo ángel de la muerte? La respuesta, si comparamos cuantitativamente la cantidad de recursos disponibles orientados a la destrucción con los exclusivamente no letales (como los dardos anestésicos), es negativa, tal y como el propio Carrier admite (Jones, 2016). En la secuela se han solventado y equilibrado algunos de estos problemas, dotando a los jugadores pacifistas de más recursos y poderes. Sin embargo, en el título original, aquel que quisiera obtener un final positivo tenía que imponerse limitaciones, no podía explotar todas las posibilidades jugables.

En esta línea Gwaltney (2017) cataloga *Dishonored* (Arkane Studios, 2012) como el mejor juego de Batman que jamás se ha hecho. El autor opone la saga de juegos de Batman elaborada por Rocksteady (2009–2015) al título de Arkane. Es cierto que los primeros, que tuvieron gran acogida por parte de crítica y público, reescriben de forma convincente al hombre murciélago y permiten explorar su universo bajo varias mecánicas y dinámicas acordes al *modus operandi* de Batman. No obstante, para Gwaltney es crucial el hecho de que *Dishonored* no sólo da al usuario la fantasía de ser un individuo con poderes sobrenaturales y dispositivos letales, sino que le invita a imponerse sus propias reglas. El jugador debe restringir el uso de su poder, muy superior al de sus adversarios. He aquí el lugar común que Gwaltney encuentra con Batman, un justiciero dotado de cientos de *gadgets* de la más alta tecnología que tiene como regla «no matar».

Conclusiones

Como discurso narrativo, *Dishonored* se reafirma en que la contención, el camino difícil, genera mejores mundos posibles que la fantasía de poder. Su historia no es novedosa y sus personajes no son excesivamente complejos pero por momentos ofrece acertados metacomentarios acerca de su propia estructura narrativa. Havenlock y compañía se valen del ansia de venganza de Corvo para instrumentalizarlo de la misma manera que los tejedores de historias de héroes vengativos manipulan a sus receptores.

Como mundo ficcional, el título se demuestra capaz de recrear una ciudad llena de entresijos y tensiones sociales tremendamente seductora en la que es fácil perderse. Los temas de la narración se reflejan y reafirman tanto o más en el universo que en la historia principal. A pesar de que los niveles no son tan largos como los de otros *sandbox*, la integración de elementos ficcionales y lúdicos desprende una coherencia muy meditada.

Como juego, gran parte del éxito de *Dishonored* se debe a que impulsa la creatividad del jugador. En vez de dar un única serie de mecánicas jugables y de procedimientos establecidos, el título permite que el usuario decida los poderes y armas que compondrán su arsenal y la ruta por la que cruzará cada nivel (por supuesto dentro de un número finito). ¿Prefiere el jugador poder congelar el tiempo durante unos instantes o poseer temporalmente a otros individuos para infiltrase? ¿U optará por especializarse en poderes destructivos como invocar hordas de ratas para que devoren a los guardias?

El gran problema es que la alternativa al asalto feroz es la no interacción con muchos elementos. El título no permite creatividad equiparable al jugador pacífico y castiga tremendamente ciertos errores y accidentes dentro de este estilo de juego, llegando a veces a ser más frustrante que divertido. Obliga a cargar constantemente la partida, rompiendo la inmersión. Se consiguen muchos artefactos y dispositivos que no podemos usar si queremos evitar matar. Se nos arranca parte de la experiencia del juego y no se ofrece nada a cambio.

Como texto en el que se cruzan todas estas dimensiones, *Dishonored* es un título complejo y ambicioso que saca a la luz problemas y contradicciones inherentes al medio y que trata de sortearlas valientemente con desiguales resultados. Su apuesta es arriesgada y su legado no son sólo todos sus aciertos, sino también los pasos en falso.

VI. Jessica Jones: El viaje de la (anti)heroína contra la violencia machista

Delicia Aguado Peláez

Cuando Brian Michael Bendis imaginó a (la por entonces) Jessica Drew sabía que no quería bosquejar a una heroína cándida. Siguiendo su marcado estilo *noir*, creó a una protagonista que cuelga las mallas asqueada de su vida de hazañas para dedicarse a la investigación privada. Una mujer malhablada que, dibujada entre el humo del cigarrillo y la botella de bourbon, se hunde en el alcohol, el trabajo y, de tanto en cuanto, en el sexo como vía de escape al odio que profesa hacia sí misma. En definitiva, un perfil que no encajaba con la línea editorial de Marvel pero que fascinó tanto a Bill Jemas, en esos días editor de la casa de superhéroes, que dio luz verde a MAX, la colección adulta que iba a arrancar en 2001 de la mano de *Alias*.

Y, así, nace la que va a ser conocida como Jessica Jones –Joya–, ilustrada por un Michael Gaydos que profundiza aún más en el espíritu *noir* de la saga y en el énfasis de la protagonista en parecer una mujer corriente. Esa detective con fuerza sobrehumana que se enfrenta a su día a día en vaqueros y que se aleja de la voluptuosidad, de la musculación o de las medidas imposibles de otras compañeras.

145

Dejando aquí la (más que merecida) recomendación a la lectura del comic de Bendis y Gaydos, este texto va a acercarse a la versión de imagen real en la que (una no tan malhablada) Krysten Ritter va a dar vida a Jones bajo la batuta de Melissa Rosenberg. Una apuesta de Netflix bajo su compromiso con el universo Marvel que comienza con *Daredevil* (2015–) y sigue con *Jessica Jones* (2015–), *Luke Cage* (2016–) e *Iron Fist* (2017–). Cuatro producciones que culminan con su propio *crossover* con la miniserie *The Defenders* (2017).

Durante la primera temporada, Jones regenta su oficina de investigación privada mientras intenta superar el trastorno de estrés postraumático (a partir de aquí TEPT) que arrastra desde su encuentro con Kilgrave (David Tennant). Un hombre capaz de controlar las acciones humanas con su voz y que en el pasado sometió a la protagonista a todo tipo de vejaciones que van desde la violación a la inducción al asesinato. Su pesadilla torna cuando la joven Hope Shlottman (Erin Moriarty) asesina a sus padres por órdenes del villano, lo que la lleva a volcarse en su caso para probar su inocencia junto a la abogada Jeri Hogarth (Carrie–Anne Moss) y, especialmente, su hermana adoptiva Trish 'Patsy' Walker (Rachel Taylor). En definitiva, un arco narrativo que se aleja del escapismo introduciéndose de lleno en temáticas altamente complejas y que, a través del enfrentamiento de la (anti)heroína con su antítesis, permite abordar los abusos, como iremos viendo, desde un compromiso feminista.

Imagen 1: Poster de la primera temporada de la serie de Netflix.

La elección de la Jones de la pequeña pantalla, se enmarca en mi universo personal de estudio, que se ha centrado en las producciones dramáticas televisivas de este siglo desde dos caminos diferenciados. Por un lado, aquellas marcadas bajo el espíritu surgido tras los atentados del 11 de septiembre (Aguado–Peláez, 2016a). Por otro, las que, a través de la inclusión de personajes subalternos y/o tramas críticas, contribuyen a una mayor profundización democrática del campo mediático (Aguado–Peláez, 2016b, 2017). Y, precisamente, *Jessica Jones*[2] simboliza un cruce de vías perfecto en el que una mujer se construye desde la complejidad propia del vívido anti–heroísmo del mundo Post 11S para luchar contra dos de las más duras violencias que recaen sobre las mujeres: el maltrato y la violación.

Antes de continuar, advertir que el texto contiene numerosos *spoilers* que incluyen el final de la primera entrega.

Los ingredientes del cóctel Jones de la A a la Z

El inicio del siglo XXI estadounidense está marcado por el desencanto económico, político y social de una ciudadanía que va a presenciar la incapacidad de las instituciones para garantizar la seguridad física y económica de los suyos. Inseguridad y desafección como caras de la misma moneda derivadas de los atentados del 11 de septiembre, primero, y de la Gran Recesión, después. Dos ingredientes perfectos que, como ocurrió durante la época de postguerra, alimentan a un género tan imbricadamente estadounidense como es el (neo)*noir*.

---

2 Señalar brevemente que este análisis se realiza a través de las herramientas del Análisis de Contenido, fundamentalmente en su enfoque cualitativo. Como objeto de estudio se toma la primera temporada, la cual se divide en 305 escenas para facilitar su observación. Dicho análisis se centra en: A) la construcción de los personajes principales estereotipos, roles y relaciones, prestando especial atención a Jessica Jones y al arquetipo anti-héroe *hardboiled* y B) la presencia de violencias especialmente las que se desarrollan contra las mujeres y sus resistencias.

Pues el género de la noche bebe de la fatalidad, el destino, el miedo y la traición y deja protagonistas ambiguos, atormentados por pasados oscuros y fuera de las convenciones sociales que se mueven por callejones sombríos llenos de corrupción, marginalidad y vicios (Ebert, 1995; Blaser, 1996). En definitiva, un caldo de cultivo ideal para el arquetipo del anti–héroe herido que se hunde en el cinismo. Ese héroe con el que nos identificamos porque, como explica el mitólogo Christopher Vogler (2002: 72), «todos nos hemos sentido así en un momento u otro de nuestras vidas».

Y, viendo el *boom* de personajes claroscuros que nos deja el *quality* drama de las dos últimas décadas, parece que es una sensación omnipresente en la llamada postmodernidad. Pensad en Carrie Mathison, Dexter Morgan, Donald Draper, Elliot Alderson, Frank Underwood, Jack Bauer, Jackson Teller, Jimmy McNulty, Malcolm Reynolds, Oliver Queen, Rick Grimes, Rust Cohle, Sarah Linden, Tony Soprano o Walter White, y estos son tan solo un puñado de ejemplos en un largo etcétera.[3]

Dentro de este saco se encuentra Jessica Jones. Nacida en noviembre de 2001 en papel y reimaginada en noviembre de 2015 en acción real, Jones bebe de los dos grandes acontecimientos de este siglo en los EE.UU. Lo que facilita que se convierta en una detective *noir* de manual.

Sin embargo, se puede observar fácilmente cómo la lista anterior está dominada por hombres –con un perfil, además, altamente normativo–. No es casual. Si la ficción, en general, ha descuidado

---

3 Interpretados respectivamente por Claire Danes, *Homeland* (Showtime, 2011–), Michael C. Hall, *Dexter* (Showtime, 2006–2013), Joan Hamm, *Mad Men* (AMC, 2007–2015), Rami Malek, *Mr. Robot* (USA Network, 2015–), Kevin Spacey, *House of Cards* (Netflix, 2013–), Kiefer Sutherland, *24* (Fox, 2001–2010), Charlie Hunnam, *Hijos de la Anarquía, Sons of Anarchy* (FX, 2008–2014), Dominic West (*The Wire*, HBO, 2002–2008), Nathan Fillion, *Firefly* (Fox, 2001–2002), Stephen Amell, *Arrow* (The WC, 2012–), Andrew Lincoln, *The Walking Dead* (AMC, 2010–), Matthew McConaughey, *True Detective* (HBO, 2014), Mireille Enos, *The Killing* (AMC, 2011–2013, Netflix, 2014), James Gandolfini, *Los Soprano* (HBO, 1999–2007), Bryan Cranston, *Breaking Bad* (AMC, 2008–2013).

el papel de las mujeres, qué vamos a decir de lo que se considera el género literario masculino por excelencia (Golubov, 1995), donde las mujeres suelen quedar bajo la sombra del varón, fuertemente ligadas a clichés y estereotipos, también en las producciones dramáticas de arranque de siglo (Aguado–Peláez y Martínez–García, 2016). Entonces, ¿qué ocurre con Jones?

Hay que señalar que nuestra protagonista nace en medio de una tendencia de cambio que se sucede a partir de la última década, donde se da un *boom* de series lideradas por mujeres –a un lado y otro de la pantalla– que se dibujan desde la complejidad y que pisan fuerte introduciendo numerosas temáticas femeninas. Y aquí podemos señalar *Big Little Lies* (HBO, 2017–), *La Caza* (*The Fall*, AXN, 2013–2016), *Orange is The New Black* (Netflix, 2013–), *Orphan Black* (BBC América y Space, 2013–2017) o *Sense8* (Netflix, 2015–), entre otras, pero también el auge de producciones de súper–heroínas –y villanas– abanderado por la archiconocida *Wonder Woman* (Patty Jenkins, 2017).

De esta forma, para entender a Jessica Jones, hay que comprender justamente un cóctel que mezcla el *noir* con este creciente enfoque feminista, o dicho de la A a la Z:

Asocial: «You use sarcasm to distance people», le espetará Malcolm Ducasse (Eka Darville), el vecino toxicómano de la protagonista –en la versión doblada–. Y es que Jones es una mujer solitaria que, tras perder a su familia, sólo es capaz de conectar con su hermana adoptiva. De la que, tras el rapto de Kilgrave, también se distancia incluso después de creerlo muerto. Una forma de refugiarse del dolor pero también de proteger a aquellos que la rodean de su propia toxicidad. De hecho, es algo en lo que el villano pondrá especial énfasis, utilizando el aislamiento como control y culpa. Un individualismo que se pule a medida que avanza la trama.

Birch Street: *Birch Street, Higgins Drive, Cobalt Lane...* Las calles donde vivió Jones se convierten en el mantra que repite cuando se ve atrapada por la ansiedad. Un consejo de ese psicólogo que se niega a visitar para controlar las secuelas del TEPT derivados de los duros abusos a los que fue sometida por Kilgrave. Miedo y trauma que desaparecerán a lo largo de la trama a medida que se enfrenta con su agresor.

CÁMARA: Una de las herramientas fundamentales de la detective para indagar en la vida de terceros, algo en lo que es especialmente brillante («A big part of the job is looking for the worst in people. Turns out I excel at that», reconocerá la protagonista, 101). Es interesante porque la profesión *noir* por excelencia funciona como una parte más de los claroscuros de la protagonista pues es una ocupación que, a la par, roza y confronta con el heroísmo.

DECADENCIA: Jones es una mujer rota que lleva un tiempo tocando fondo cuya vida está marcada por el deterioro. Su propia casa–oficina es un resumen de la rutina de la protagonista. La puerta rota de la entrada –por lanzar a un hombre a través del cristal– deja paso a un pequeño estudio decorado con una sobriedad inusitada. Una sobriedad que contrasta con las botellas vacías de bourbon que serán el único elemento ornamental de la misma. Esta decadencia se complementa con escenas costumbristas que espían a una protagonista trabajando sentada en WC; quedándose sin papel higiénico; aplastando una cucaracha con su mano; durmiendo ebria en el ascensor; encontrándose a su vecino toxicómano tirado en el pasillo o en su propia casa; levantándose resacosa sin saber la hora que es, y, siempre, siempre, sin blanca...

ESPERANZA: Esperanza es el nombre de Hope, una de las víctimas de Kilgrave que, después de ser sometida a todo tipo de abusos, es obligada a asesinar a sus propios padres. Cuando Jones descubre que Kilgrave está vivo, decide fugarse a Hong Kong. Tan sólo recapacita cuando Trish la convence para que se quede y ayude a probar su inocencia. Algo que se convertirá en la cruzada personal de Jones y en metáfora de la esperanza de su propia puerta a la salvación. El mismo villano lo sabe y jugará con esta idea afirmando que no lo asesina porque quiere lo que él tiene, «It's because you want what I have (...) I have Hope. The person, not the feeling. Well, the feeling, too. I'm a hopeful man» (110).

FUCK: La primera –y segunda– palabra que aparece en el comic va a ser *fuck* –joder, que en la versión doblada sí se va a poder escuchar–, una novedad para la pudorosa Marvel, que se convertirá en uno de los sellos de identidad de la protagonista. Sin embargo, es un vocablo que queda fuera de la adaptación televisiva. La propia Rosenberg explicará en declaraciones a *The Hollywood Reporter* ((2/07/2017) que, pese a la libertad concedida por Netflix, Marvel no quiere superar la edad recomendada de +16 –normalmente +13–, con lo que tuvo que dejar fuera el uso de *fuck* así como cualquier escena con desnudos. Eso sí, es algo que se suple con creces gracias a la expresividad de la actriz protagonista.

GRIS MORAL: La fina línea entre el bien y el mal es una constante en el *noir* y uno de los aspectos más significativos de Jessica. Jones se dibuja a través de un perfil maquiavélico desde el que la veremos utilizar (casi) cualquier cosa para lograr sus objetivos entre lo que se incluye amenazar, chantajear, descuartizar, golpear, espiar, flirtear, mentir, utilizar a personas cercanas, robar, torturar,... Por poner algún ejemplo, veremos sostener a Wendy Ross–Hogarth (Robin Weigert) sobre las vías del tren para que firme los papeles del divorcio de su abogada; cortar la cabeza de su vecino asesinado para hacerse pasar por homicida; utilizar a su amigo adicto para robar droga o acercarse a Kilgrave...

HELL'S KITCHEN: Barrio de Manhattan, Nueva York, donde vive Jessica Jones –también Daredevil–. Es una localización dibujada a golpe de tópicos de la noche y a ritmo de jazz. Por un lado, en la propia ambientación de los escenarios con esos viejos edificios tan característicos de la zona, sus escaleras anti–incendios, sus ventanas indiscretas, los callejones sombríos, las luces de neón... Por otro, en la particular idiosincrasia de la ciudad con un telón de fondo de adicciones, (auto)engaños, infidelidad, sexo, violencia... En definitiva, lo único que se echa en falta en esta construcción negra es el humo del cigarrillo, eliminado completamente de la serie y del personaje de Jones.

IGUALDAD: Las mujeres son esenciales a un lado y otro de la pantalla de esta producción –de hecho su segunda temporada contará únicamente con directoras–. Esto se traduce en personajes femeninos complejos que evitan los clichés de género tradicionales que reducen a las mujeres al amor romántico, la dulzura, el hogar, la maternidad, la pasividad... En *Jessica Jones* asistiremos a un reparto coral de féminas independientes, fuertes, profesionales, con sus virtudes y defectos, sus miedos y valentías. En definitiva, miran cara a cara a los varones del serial y crean fuertes lazos entre ellas, potenciando su relación de hermandad femenina, de sororidad. Así, Jones está marcada por su amor a Trish, su lealtad a Hope y su colaboración con Hogarth.

JONES: Jess para Trish como símbolo de cercanía; Jessica para Kilgrave como muestra de su susurrante obsesión; Jones para ella misma como un símbolo más de autorreconocimiento y alejamiento de sí misma; Jessica Jones para el mundo. En el pasado, era su nombre de heroína, rechazando el uso de pseudónimos. En el presente, el de la detective como muestra de ese distanciamiento de una mujer incapaz de conectar con nadie.

KILGRAVE: La antítesis de Jones es conocida como Kilgrave – *Hombre Púrpura* en el cómic y originariamente Kevin–. Debido a unos experimentos al que es sometido cuando era niño, su cuerpo segrega unas feromonas que le otorgan el poder de controlar a los demás en un espacio y tiempo determinados. Una habilidad que hace de él un villano *snob* con acento británico y traje púrpura que destaca por ser caprichoso, cruel y carente de cualquier rasgo de empatía que, además, está obsesionado con la sumisión, en general, y de las mujeres, en particular. Todo un arquetipo exacerbado de un misógino maltratador que se convertirá en la pesadilla de la protagonista.

Látex: Si la Jessica del comic había colgado las mallas y la máscara, en la serie dan a entender que nunca las llegó a usar —pese a la insistencia de Trish—. La indumentaria va acorde con la construcción de brusca, independiente y nada sexualizada anti–heroína que rehúye del colorido y adornos innecesarios —incluido peinado o maquillaje—. En definitiva, le bastan sus vaqueros desgastados, una camiseta de tirantes, una sudadera, una chaqueta de cuero, unas botas de piel, una bufanda y unos guantes roídos y/o una bandolera.

Machismo: La producción de Netflix se molesta también en mostrar el machismo imbricado en nuestras sociedades a través de numerosas alusiones, muchas veces ridiculizadas por la propia idiosincrasia de la protagonista. Así, por poner tan sólo un ejemplo, un hombre se acerca a flirtear con Trish mientras toma algo con Jess. Pese a que ambas le piden que se vaya, él insiste de forma cada vez más irrespetuosa («Hey, I know you! But you were a redhead. I watched your show. (Singing) It's Patsy! Patsy! I really wanna be your friend! I was twelve. I learned a lot from Patsy. Patsy taught me how to hold a remote with one hand, and box the bald-headed bishop with the other», 105), algo que termina solventando Jessica retándolo a una exhibición de fuerza, en la que si gana debe pedir perdón, invitarlas a los tragos e irse, algo que obviamente hace.

Nihilismo: Una de las piezas claves del *noir* y fundamental en Jessica es el nihilismo. No cree en el heroísmo, no cree en la bondad, no cree en nada, en resumen, «da humanidad es una mierda, no merece que la salven». Algo que se complementa con otras características del género como el cinismo, la irreverencia y el sarcasmo. Otro escudo, como recordaba Malcolm, para su caparazón antisocial y que la distancia, aún más, de los clichés de género tradicionales.

Niñez: La época más feliz de Jessica está en su infancia y adolescencia y la recuerda con añoranza. En esa casa de Birch Street en la que vivía con su madre, su padre y su hermano pequeño hasta un fatal accidente de coche. Un hogar que Kilgrave comprará y recreará hasta el último detalle. Algo que el villano, lejos de entenderlo como un acto más mezcla de obsesión y posesión, lo interpreta como un gesto de romanticismo: «I bought Jessica her bloody childhood home and restored it perfectly. If thaťs not a grand romantic gesture, I donťt know what the bloody hell is» (110).

OLFATO: Como buena detective *noir*, Jessica está marcada por su olfato detectivesco que la hace infalible resolviendo casos. Un hecho que se apoya en su gran inteligencia, su moral gris y su habilidad para traspasar (literalmente) las puertas necesarias para lograr sus objetivos.

PODER: El poder de Kilgrave de manipular se enfrenta al de Jones –así como el de Hope o Trish– de (re)apropiarse de su propia vida al enfrentarse a sus miedos. Porque *Jessica Jones* es, ante todo, una historia de superación y empoderamiento.

QUERER O QUEER: Rosenberg crea una estrecha relación entre Jessica y su hermana adoptiva Trish, la única persona que la protagonista parece querer realmente y con la que es –incluso excesivamente– protectora: «Sheťs protective. She doesnťt like any of the guys I date» (105). Durante el final de temporada, Jess elige una frase que nunca utiliza para que Trish sepa que no está bajo los efectos del villano. Justamente escogerá «I love you» como muestra de esa dificultad para expresar sus sentimientos y, a la par, del amor a su compañera que puede ser leída en clave *queer* (Pepe, 2017). En relación al amor, también hay que destacar la apuesta por la deconstrucción del amor romántico y las tres protagonistas anteponen, de una forma u otra, sus metas a sus parejas.

REDENCIÓN: Otra característica del *noir* es construir personajes grises que arrastran una gran culpa y buscan una redención que muchas veces no llega. Jones arrastra la muerte de su familia –porque el padre se despista por una bronca con su hermano que comienza ella–, el asesinato de una joven por órdenes de Kilgrave y, posteriormente, una riestra de víctimas que el villano va dejando a su alrededor para captar su atención –y sumisión–.

Sonríe: *AKA Smile* es el nombre del último capítulo de la temporada que hace alusión a una de las peticiones predilectas de Kilgrave y también de las más alegóricas porque la sonrisa, uno de los emblemas de la dulzura femenina, se convierte en una pieza clave de la psicología del villano. Kilgrave lleva al extremo la cosificación de las mujeres y busca a su muñeca ideal. Una a la que maquillar, peinar y vestir de forma elegante, pasear por caros restaurantes y dar órdenes. Bien sea saltar durante horas, no moverse, sonreír sin parar o practicar sexo. Y su muñeca favorita es justamente Jessica. Una mujer con habilidades especiales de la que asegura enamorarse y que, su obsesión por controlarla, lo lleva incluso a crear su propia casa de muñecas, recreando el hogar de niñez de la víctima.

Tiburón: El Jeryn Hogarth original del mundo de Marvel va transmutar en Jeri Hogarth. De esta forma, el papel de un varón heterosexual pasa a ser representado por una mujer lesbiana, y no una mujer cualquiera. Hogarth es una abogada obsesionada con su trabajo y su éxito profesional. A caballo entre su brillantez e ingenio y su competitividad y perfidia, despierta sensaciones contradictorias que oscilan entre la admiración y el aborrecimiento con alusiones como «un saco de mierda maloliente con un traje caro» (113) o «el mejor tiburón de la ciudad» (113). Y es que Hogarth se va a ver envuelta continuamente entre lo profesional –la abogada de Hope– y lo personal –el divorcio de su esposa y la relación con su nueva amante– que la llevan incluso a intentar reproducir los poderes de Kilgrave o a aliarse con el villano para someter la voluntad de su expareja.

Ultrafuerza: La habilidad de Jessica es una fuerza sobrehumana que adquiere tras el accidente de coche en el que pierde a toda su familia. Algo que la hace especialmente brillante en la lucha y la capacita para casi volar –saltar y aterrizar–. Una característica que ayuda a construir, aún más, a esta ruda anti–heroína.

Violación: En su versión en papel, Kilgrave ordena a Jessica desnudarse nada más verla. En la serie, se deja claro que fue abusada repetidas veces —física e intelectualmente—, siendo la muñeca sexual del villano durante meses, pero nunca se llega a mostrar en pantalla, evitando caer en morbo o en una sensualización que contribuyan a sostener la cultura de la violación. La inclusión de las agresiones sexuales en la trama permite introducir diversas temáticas no muy frecuentes en la ficción como son el aborto o la superación del propio trauma, así como la visión de la víctima y de un abusador que parece (sólo parece) no darse cuenta del daño que está haciendo, como veremos más adelante.

WHISKY: En casi un 15% de las escenas en las que aparece Jones lo hace tragando bourbon —o algo con graduación— de forma compulsiva. En definitiva, el alcohol se convierte en una vía de escape para una Jessica atormentada incapaz de digerir el trauma causado por los abusos pasados. Cabe señalar que su ingesta disminuye a medida que se va empoderando frente a su antítesis. Además de Jones, Trish fue adicta al alcohol y las drogas, incapaz de superar los abusos cometidos por su madre, y Malcolm cae en ellas por culpa de Kilgrave. En definitiva, las adicciones son incluidas como una parte del dibujo del *noir* y de la necesidad de evasión en nuestra sociedad.

SEXO: Si *Alias* abre con la palabra *fuck,* tan solo hay que esperar a la página undécima para ver a Jessica practicando sexo anal con Luke Cage —Power Man—. Unas relaciones tormentosas que utiliza para intentar sentirse viva y que traerán mucha polémica en su día. («Tuve un novio que solía decir que todo lo que tenía que hacer una chica para follar era pedirlo. Lucas se sentirá culpable por esto. Es un tío decente y un amigo, y se sentirá mal por esto. Pero ese sentimiento pasará. También mirará atrás y recordará que ésta fue la única noche en la que le dejé hacer todo lo que quiso. Y aunque sabrá que estuvo mal, sonreirá para sus adentros. No podrá evitarlo. Entonces se sentirá mal de nuevo. No puedo decir que me importe, la verdad. No me importa cómo se siente él. Sólo quiero sentir algo. Da igual qué. Dolor, humildad, rabia... Sólo quiero sentir algo diferente» [Bendis y Gaydos, 2001–2002]). En la serie de Netflix, el idilio entre Jones y Luke Cage (Mike Colter) se dibuja desde lo sexo–afectivo, de forma más pasional y sana. Sin embargo, destacar que sí que hay un componente de culpa: Cage es el viudo de la mujer que asesinó por órdenes de Kilgrave. Algo que exacerba aún más la necesidad de redención del personaje y crea tensión entre ellos. De hecho, cuando se entera, Cage reaccionará con ira: «You let me be inside you (...) I was wrong. You are a piece of shit» (105). Por otro lado, cabe señalar que, al contrario que la protagonista, sí que hay cierto placer visual sobre un Cage en cuyo cuerpo se suelen detener las cámaras como una forma de mostrar el deseo de Jessica. Además, destacar que no van a ser las únicas escenas de sexo de la serie, Trish con Simpson o Hogarth con Pam completan las relaciones (más o menos) explícitas de la producción.

JOYA: Jewel, Knightress o Power Woman son los nombres del pasado de Jones en papel. En la serie, tan solo se hará alusión al mismo cuando Trish se lo propone como alias heroico, rechazándolo –tan sarcástica como siempre– por ser un nombre de *stripper*: «Is a stripper›s name, a really slutty stripper» (105). Sin embargo, Jones sí va vivir su propio camino de heroína a lo largo de la temporada. Al principio, gracias a los *flashbacks,* vemos a una joven Jess tonteando con la idea de heroicidad, una idea truncada con la subyugación de Kilgrave. De esta forma, al inicio de la serie asistimos a una Jones totalmente desencantada consigo misma que solo piensa en huir: «I was never the hero that you wanted me to be», le dirá a Trish (101). Paulatinamente, y con la ayuda de su hermana adoptiva, antepone su seguridad personal para salvar a Hope de las garras de un destino sellado por el villano y ensalzar su papel como (particular) heroína, no sin serias dudas: «They say everyone›s born a hero. But if you let it, life will push you over the line until you're the villain Problem is, you don't always know that you've crossed that line... Maybe it's enough that the world thinks I'm a hero. Maybe if I work long and hard, maybe I can fool myself» (113).

¡Zas!: Jessica es un personaje irascible y volátil que no es capaz de controlar su genio, siendo habitual verla resolver los problemas no con palabras —ya que es bastante reservada— si no a base de violencia. Algo fácil gracias a su fuerza —en casi un 18% de las escenas en la que aparece la veremos con alguna conducta violenta—. Lo que, de nuevo, dinamita las reglas de género y convierte a Jessica Jones en la gran antiheroína de la pequeña pantalla.

¿Qué haría Jessica?
Sobre violencias y resistencias

En resumen, la serie, a través de la anti–heroína atormentada por el villano controlador, introduce una historia de abusos que sirve, desde la ficción, para visibilizar la problemática de la violencia de género. Y es que nuestra Jones, rota, intenta superar los abusos de Kilgrave cuando, de repente, se entera de que está de vuelta. Y resurgen con fuerza unos miedos que la hostigan día tras día y que la alejan aún más de la gente que quiere: «I'm not safe anywhere. Every corner I turn, I don't know what's on the other side [...] I'm life–threatening, Trish. Steer clear of me» (102).

De esta forma, con la botella de bourbon siempre a mano, comienza a volverse paranoica y a desconfiar de todo el mundo. Algo con sentido ya que el villano hace que la persigan 24/7, como prueban las cientos de fotos suyas que se encuentra en la guarida de Kilgrave (ver Imagen 2). Una obsesión enfermiza que afianza el arquetipo de masculinidad tóxica que recae sobre los privilegios de un varón blanco, heterosexual, de clase alta que, gracias a su poder, pasan de ser implícitos a explícitos (Pepe, 2017).

Imagen 2: Jessica descubre que Kilgrave ha estado observándola durante un largo tiempo (103).

Todo ello convierte al villano en una caricatura exagerada a caballo entre un maltratador y un violador. Pues Jones se ve obligada a convivir con él como si fuera un idilio romántico. Sin embargo, ya en su primer encuentro tras su reaparición, con toda una comisaría de policía de rehén, un inestable Kilgrave declara su «amor eterno» a una Jones que no es capaz de comprender nada:

> I have absolutely no intention of controlling you. [...] I'm not torturing you. Why would I? I love you. [...] I was trying... to show you what I see: That I'm the only one who matches you. Who challenges you. Who'll do anything for you. [...] Before I met you, I got... everything I wanted. And I didn't realize... how unsatisfactory that was, until you left me to die. You are the first thing, excuse me, person... I ever wanted that walked away from me. You made me feel something I had never felt before. Yearning. I actually missed you (107).

En esta primera conversación ya se muestran ciertos aspectos interesantes que van construyendo a Kilgrave como un maltratador. Por un lado, el uso de una manipulación paternalista de ese *no tengo la intención de controlarte, descubrirás lo mismo que yo...* cuando, realmente, no tiene ningún poder sobre ella. Por otro lado, la inclusión del merecimiento *–entitlement–* en el que destaca que él merece estar con ella *–el que encaja, el que está a tu altura–*. Algo que se complementa con la incorporación del amor romántico mediante el mito de la media naranja *–lo nuestro es inevitable–*.

Aunque tal vez el fragmento más significativo es justamente este: *eres la primera cosa, perdona, persona que he deseado y que me ha dejado*. En él se dejan claro dos elementos: la cosificación de las mujeres *–cosa–* y el egocentrismo de un hombre que sólo habla de sus sentimientos *–que he, que me ha–*. Expresiones que desvelan, en general, no existe un arquetipo delimitado de maltratador más allá de aquel que busca sometimiento y control de la mujer, sustentado en una ideología sexista que consolida una creencia en la superioridad del hombre y la diferenciación de roles (Expósito, 2011). Y sobre esta diferenciación Kilgrave entiende mucho.

De hecho, y como ya habíamos comentado con anterioridad, Kilgrave convierte a Jessica –también a Hope– en su muñeca sexual deshumanizándola a la par que la personaliza a su propio gusto, con delicados vestidos, maquillaje y peinados glamurosos que va a lucir en hoteles y restaurantes de lujo. Es decir, exalta los estereotipos de género induciendo una feminidad tradicional inexistente en la naturaleza de la protagonista de forma física y psicológica –delicadeza, pasividad, sexualidad, sumisión–, mientras él adquiere el rol de alfa proveedor y controlador. En esta línea, es habitual escucharle quejarse de que le dio todo a una Jessica incapaz de agradecer sus supuestos esfuerzos, como se puede ver en este más que alegórico diálogo:

—JESSICA (J): I told you not to touch me! [...]

—KILGRAVE (K): Come on, Jessie. We used to do a lot more than just touch hands.

—J: Yeah. It's called rape.

—K: What? Which part of staying in five–star hotels, eating in all the best places, doing whatever the hell you wanted, is rape?

— J: They part where I didn't want to do any of it! Not only did you physically rape me, but you violated every cell in my body and every thought in my goddamn head.

—K: That is not what I was trying to do.

—J: It doesn't matter what you were trying to do. You raped me.

—K: No.

—J: Again, and again, and again.

—K: How am I supposed to know? Huh? I never know if someone is doing what they want or what I tell them to!

—J: Oh, poor you.

—K: You have no idea, do you? I have to painstakingly choose every word I say [...] I didn't have this. A home, loving parents, a family.

—J: You blame bad parenting? My parents died! You don't see me raping anyone.—K: I hate that word.

—J: Just admit it. Your parents had nothing to do with why you forced me...

—K: Do you want to see? Do you want to see what they put me through? Watch this and tell us which one of us was truly violated. Welcome to my home (108).

Imagen 3: El cambio de estilo es evidente cuando Jones es obligada a vestirse al gusto de Kilgrave (108).

De nuevo, aparece la idea de merecimiento y sustentación ya que, de forma implícita, se entiende que Kilgrave no comprende quién no iba a querer acostarse con él si cumple todos los requisitos de la masculinidad tradicional *–¿qué parte de hacer todo lo que te daba la gana es violarte?–*. Una negación que lleva hasta al final no sólo evadiendo la culpa *–no era mi intención, ¿cómo querías que lo supiera?–*, incluso repulsión por el término violación *–no soporto esa palabra.–*. Para pasar a buscar la complicidad de Jessica en base a la lástima *–¿quieres ver por lo que me hicieron pasar?–* haciendo alusión a abusos infantiles.

Así, siguiendo las características típicas de los maltratadores señaladas por Francisca Expósito (2011) podemos ver que encaja en muchas de ellas. Como son la escasa empatía, la necesidad de reafirmación, los celos, el pensar que tiene siempre la razón, el minimizar las consecuencias de su comportamiento y, además, el culpar a la mujer de la situación. Por otro lado, tampoco duda en utilizar micromachismos de control que van desde la insistencia al paternalismo protector, la desautorización o el aislamiento sea por lástima o méritos –regalos, promesas de cambio–.

Respecto a este último aspecto, es usual la utilización de los méritos y de la lástima. Lástima por los experimentos que sufrió de niño o por la pesada carga que conllevó crecer con su habilidad. Sin embargo, la serie desmonta ambos argumentos como justificación de su comportamiento. Por un lado, en palabras de la propia Jones –*Mis padres murieron y no me dedico a violar a la gente*–. Por otra, veremos cómo la protagonista intenta hacer de él un héroe sin éxito pues la aventura termina como mero chantaje para que se quede a su lado. Por último, la versión de los progenitores que alegan que experimentaban para salvarlo de una enfermedad terminal y que lo abandonaron porque no soportaban más las vejaciones y torturas a los que los sometía. En resumen, Kilgrave termina siendo el culpable de sus actos pues, como explica Sarah Pepe (2017) realizando una alegoría con los violadores en nuestras sociedades, se debe reconocer la influencia de una sociedad imperfecta, pero también exigir la responsabilidad de sus actos.

Sin embargo, Kilgrave no reconoce su culpa alegando que todo fue consentido. «You have feelings for me Jessica. If you didn't, I'd be dead» (109), insistirá y se volcará en su cruzada personal para conseguir el amor de Jessica, eliminando a los posibles competidores. Así, asesina a su vecino por afirmar que estaba enamorado de ella y controla a Cage para atacar a la protagonista, reclamando, de paso, sus sentimientos hacia él: «those sweet things he shared, it was all me. It was our sexual tension. It was all me!» (112). Una intentona que reivindicará también de cara al mundo, con una versión muy particular de su primer encuentro y posterior vínculo:

> Um... It was a cold, clear night, when I came across a young beauty being savagely attacked down a dark alley. [...] I saved you, dried your tears, fed you dinner.

And later, we made sweet, sweet love... I loved you. I
gave you whatever you wanted. [...] This isn't you, Jess.
We were happy. Whatever you think I did to hurt you,
I'm sorry (109).

Sea fantasía, sea estrategia para ganarse el favor de Jones o para
no admitir la comisión de un delito, lo cierto es que la trama que
envuelve a Kilgrave lleva al límite, gracias su habilidad de manipulación, dos grandes problemas a los que las víctimas de abusos
se enfrentan en nuestras sociedades. Por un lado, la dificultad de
demostrar unos hechos que, en muchas ocasiones, ocurren en la
intimidad. Por otro, el encontrarse con un entorno que, a menudo,
le quita importancia a lo ocurrido o, incluso, culpa a la víctima –la
ropa, el horario, haber ingerido alguna sustancia...–. Y, frente a ellos,
la reacción que propone *Jessica Jones* es la del empoderamiento a través de la lucha y la sororidad.

De hecho, Jones decide enfrentarse a sus miedos gracias a la
insistencia de Trish para que ayude a Hope, para que demuestre que
los abusos fueron reales ante una ciudadanía que tacha de absurdez
la versión de la joven y que pide la pena de muerte para ella. Esto
es, una historia de tres mujeres marcadas por un pasado de abusos
que buscan seguir adelante y superar sus miedos apoyándose unas
en las otras. Y, así, a medida que avanza la trama, veremos cómo
Jessica recupera los lazos con su hermana adoptiva y disminuye la
necesidad de recurrir al mantra de *Birch Street* o al abuso de alcohol
aunque la sombra de la culpa sea alargada: «Even if you could prove
it, would people ever forgive what you did? Could you ever forgive
yourself?» (103).

Al mismo tiempo, podemos ver a una Trish practicar *kravmaga*
con el fin de no tener que volver a ser salvada –«No one touches
me anymore unless I want them to. I let you fight my battles for too
long» (103)–, intentando seguirle el paso a Jessica en todo momento.
Una ayuda de una mujer sin habilidades especiales pero que termi-

nará siendo fundamental para el desenlace de la temporada tanto de forma pasiva –apoyo económico o moral– como activa –carnada, conducción, información, lucha...–. Como ocurría con Jones, esto no significa que sea un camino fácil y sin altibajos, todo lo contrario, Trish se sentirá inútil en parte de las expediciones pero su perseverancia y su deseo de ayudar a su hermana la hacen seguir adelante.

Asimismo, Hope, con un papel aparentemente más pasivo, también termina haciendo el gran sacrificio final para liberar a Jessica y, en vez de probar su culpabilidad, asesinar a Kilgrave. Este cambio es algo también fundamental en una serie *noir* que, lejos de creer en la rehabilitación del villano, ve en el asesinato la única forma de terminar con el terror. De esta forma, son ellas las que se protegen a sí mismas sin la necesidad de la actuación de un varón. Más aún, los hombres son accesorios o, directamente, obstáculos en la lucha contra Kilgrave, como puede ser el obsesionado Will Simpson (Wil Traval) o el manipulado Cage. Tan solo Malcolm tiene un papel más relevante y está relacionado con los cuidados, contraponiéndose a esa virilidad del villano.

Esta importancia femenina permite introducir una serie de temáticas que otras producciones olvidan. Asuntos como el lesbianismo, la sororidad, así como otros más complejos como es el aborto. Pues Hope se queda embarazada de Kilgrave y soborna a una presa para que la golpee, con la esperanza de librarse de «esa cosa» que le hace revivir una y otra vez la violación y el asesinato de sus padres (106). Algo que no pasa y que hará que Jones y Hogarth consigan pastillas abortivas. Una vez más, trauma y superación de mano de las propias mujeres.

Imagen 4: Jessica y Kilgrave cara a cara (112).

Volviendo a Kilgrave, cuando Jones se enfrenta a él y desmonta su fantasía de dominación, pasa de declarar su amor a amenazarla de muerte. Quitándose, por fin, la máscara y soñando con poder subyugarla de nuevo: «I'd make her want me. Then reject her. Devastate her over and over and over until she wants to die. No, I won't give her that, either. She'd wither away like someone dying of thirst or starvation. Be a certain ring of hell, designed especially for her. Or maybe I'll just kill her» (113). Desvelando, finalmente, el perfil de maltratador y violador que siempre estuvo detrás: «Yeah, perhaps I chose the wrong sister. Hmm? From your perspective, I'll be raping her every day. My skin will be touching hers. She'll be my plaything. She'll be my slave. And in her mind, she'll be dying, ain't that right?» (113). Una amenaza final antes de que Jones le pida que sonría mientras le rompe el cuello respondiendo, definitivamente, a la pregunta abierta en el episodio ocho: «¿Qué haría Jessica?»

En definitiva, *Jessica Jones* utiliza el camino de la (anti)heroína como una metáfora de la lucha de una mujer abusada contra sus propios fantasmas. Unos fantasmas que reduce con ayuda de una red de mujeres construida como una cota de malla que le permiten enfrentarse a su maltratador. Porque Jessica es una mujer fuerte mucho más allá de su físico sobrehumano. Jones es una superviviente a una de las lacras que más golpea a las mujeres de todo el globo: la violencia machista.

Bibliografía

ABRIL, G. «Patty Jenkins, la Wonder Woman de Hollywood», *El País Semanal*, 23/06/2017. Disponible en http://elpaissemanal. elpais.com/documentos/patty–jenkins–wonder–woman/

ADORNO, Th., HORKHEIMER, M. *Dialéctica de la Ilustración*. Madrid: Trotta, 1994.

AGUADO–PELÁEZ, Delicia. «Feminicidios con perspectiva de género. Un análisis interseccional de *The Fall (La Caza)*». *Investigaciones Feministas*, 8, Nº 2, 2017, págs. 186–201.

AGUADO–PELÁEZ, Delicia. *Cuando el miedo invade la ficción. Análisis de Perdidos (Lost, ABC, 2004–2010) y de otros Quality Dramas de la era Post 11S*. Leioa: Universidad del País Vasco, 2016a. Disponible en: https://addi.ehu.es/handle/10810/17613

AGUADO–PELÁEZ, Delicia «Los cuerpos como cartografías de resistencias: Análisis interseccional de *Sense8*». *Arte y Políticas de Identidad*, Vol. 15. 2016b, págs. 15–39.

AGUADO–PELÁEZ, Delicia y MARTÍNEZ–GARCÍA, Patricia: «La *Tv Noir* desde una perspectiva de género. Análisis de *Mob City, True Detective y Fargo*». MARTÍN ESCRIBÁ, Álex. y SÁNCHEZ ZAPATERO, Javier (Eds.). *El Género Negro De La Marginalidad A La Normalización*. J. Santiago De Compostela: Andavira, 2016.

ALFORD, Mathew. *Reel Power: Hollywood Cinema and American Supremacy*. Londres: Pluto Press, 2010.

AL–JAZEERA. «Lebanon bans Wonder Woman film over Israeli actress», *Al–Jazeera*, 31/05/2017. Disponible en http://www.aljazeera.com/news/2017/05/lebanon–bans–woman–film–israeli–actress–170531163352990.html

BARREDO, A. «DC Extended Universe explicado: las diez películas que vendrán tras Batman v. Superman». *Hipertextual*, 23/03/2016. Disponible en https://hipertextual.com/2016/03/dc–extended–universe

BAUDRILLARD, Jean. *Cultura y simulacro*. Barcelona: Kairós, 1978.

BECKER–HERBY, E. *The rise of Femvertising: authentically reaching female consumers*. University of Minnesota, 2016. Disponible en https://conservancy.umn.edu/bitstream/handle/11299/181494/Becker–Herby_%20Final%20Capstone_2016.pdf?sequence=1&isAllowed=y

BENDIS, Brian Michael y GAYDOS, Michael: *Alias. Jessica Jones*. Girona: Max, Marvel, 2001–2002.

BISKIND, P. *Seeing is Believing. Or How Hollywood Taught Us to Stop Worrying and Love the 50s*. Londres: Bloomsbury, 2001.

BLASER, John. «No place for a woman: the family in film noir». *Berkele Library University of California*, 1996. Disponible en http://www.lib.berkeley.edu/MRC/noir/np–txt.html

BOGOST, I. *Persuasive games. The expressive power of videogames*. Cambridge, Mass.: MIT Press, 2007.

BOICHEL, B. «Batman: Commodity as Myth». En Pearson, R. E. y Uricchio, W., *The Many Lives of the Batman. Critical Approaches to a Superhero and His Media*. (págs 4–17). Nueva York: Routledge, 1991.

BROWN, Jeffrey A. *Black Superheroes, Milestone Comics, and Their Fans*. Jackson: University Press of Mississippi, 2001:186

DANIELS, Les. *Batman: The Complete History.* San Francisco: Chronicle Books, 1999.

DEBORD, Guy. *La sociedad del espectáculo.* Valencia: Pre–Textos, 2002.

DE MIGUEL, A. «Feminismos». En AMORÓS, C. (dir.), *10 palabras clave sobre la mujer.* Navarra: Editorial Verbo Divino, 2002, pág. 217.

DE MIGUEL, A. *Neoliberalismo sexual: el mito de la libre elección.* Madrid: Ediciones Cátedra, 2015.

DENNEHY, T.; BEN–ZEEV, Avi et al.: «Hypermasculinity in the Media: When Men 'Walk into the Fog' to Avoid Affective Communication», *Psychology of Popular Media Culture* vol. 1, n° 1, 2012, págs. 53–61.

DÍEZ BALDA, M. A. «El cómic feminista: un poco de historia». *Universidad de Salamanca*, 2011. Disponible en https://gredos.usal.es/jspui/bitstream/10366/112914/1/DGL_DiezBalda_comic.pdf

DIPAOLO, Marc. *War, Politics and Superheroes. Ethics and Propaganda in Comics and Film.* Jefferson, Carolina del Norte: Mcfarland & Company, 2011.

DOLEZEL, L. *HETEROCÓSMICA. Ficción y mundos posibles.* Madrid: ARCO/Libros, 1999.

EBERT, Roger (1995). «A guide to film noir genre». *Roger Elbert Journal,* 1995. Disponible en http://www.rogerebert.com/rogers–journal/a–guide–to–film–noir–genre

ECO, Umberto *Apocalípticos e integrados.* Barcelona: Tusquets, 2006.

ECODIARIO.ES / EUROPA PRESS. «Líbano prohíbe 'Wonder Woman' por culpa de Gal Gadot, la actriz israelí que combatió en la guerra libanesa», *EcoDiario.es*, 2/06/2017. Disponible en http://ecodiario.eleconomista.es/cine/noticias/8402171/06/17/Libano–prohibe–Wonder–Woman–por–culpa–de–Gal–Gadot–

la–actriz–israeli–que–combatio–en–la–guerra–libanesa.html

EXPÓSITO, Francisca. «Violencia de género». *Mente y cerebro*, 48. 2011, págs. 20–25.

FIELD, S. *El libro del guión: fundamentos para la escritura de guiones: una guía paso a paso, desde la primera idea hasta el guión acabado.* Madrid: Plot, 1995.

FINN, M. R. «William Marston's Feminist Agenda». En J. DAROWS-KI, *The ages of Wonder Woman: essays on the Amazon Princess in changing times.* Jefferson, NC: McFarland, 2014, págs. 7–21.

FOUCAULT, Michel. *Las palabras y las cosas: Una arqueología de las ciencias humanas.* Buenos Aires: Siglo XXI, 1968.

FOUCAULT, Michel. *Vigilar y castigar: Nacimiento de la prisión.* Buenos Aires: Siglo XXI, 2002.

FRASCA, G. *Simulation versus Narrative: Introduction to Ludology.* 2004. Consultado en http://www.ludology.org/articles/VGT_final.pdf el 13 de Julio de 2017.

FULLER, M. y JENKINS H. *Nintendo and New World Travel Writing: A Dialogue.* 1995. Consultado en https://web.stanford.edu/class/history34q/readings/Cyberspace/FullerJenkins_Nintendo.html el 5 de Agosto de 2017.

GIMENO, S. «'Wonder Woman' supera los 800 millones de dólares de recaudación en la taquilla mundial», *Sensacine*, 21/08/2017. Disponible en http://www.sensacine.com/noticias/cine/noticia–18559204/

GIRARD, R. *El sacrificio.* Madrid: Encuentro, 2012.

GOLUBOV, Nattie. «La masculinidad, la feminidad y la novela negra». *Anuario de Letras Modernas* 5, 1991–1992, 1995, págs. 99–121.

GONZÁLEZ, V. M. «De Wonder Woman a Alison Bechdel: un acercamiento feminista al cómic», *Eslang*, 30/03/2016. Disponible en http://www.eslang.es/politica/de–wonder–woman–a–ali-son–bechdel–un–acercamiento–feminista–al–comic_20160330–lr.html

GWALTNEY, J. *Why Dishonored is the best Batman game ever made.* 2015. Consultado en https://www.pastemagazine.com/arti-cles/2015/06/why–dishonored–is–the–best–batman–game-ever–made.html el 22 de Mayo de 2017.

HASSLER–FOREST, Dan. *Capitalist Superheroes: Caped Crusaders in the Neoliberal Age.* Winchester/Washington: John Hunt Publis-hing–Zero Books, 2012.

HOCKING, J. *Ludonarrative Dissonance in Bioshock. The problem of what the game is about.* 2007. Consultado en http://clicknothing.type-pad.com/click_nothing/2007/10/ludonarrative–d.html el 10 de Abril de 2017.

HUGHES, A. «Prólogo» a SIMONSON, L. *Covergirls: las heroínas de DC Comics.* Madrid: Laberinto, 2016.

JONES, R. *Dishonored 2: T3 interviews Christophe Carrier, Arkane's Level Design Director, about the red–hot new title.* (2016). Consultado en http://www.t3.com/features/dishonored–2–t3–interviews-christophe–carrier el 12 de Abril de 2017.

JUUL, J. *Half– real: video games between real rules and fictional worlds.* Cambridge, Mass.: MIT Press, 2005.

KELLNER, Douglas. *Cinema Wars: Hollywood Film and Politics in the Bush–Cheney Era.* Hoboken, NJ: Wiley–Blackwell, 2010.

LACAN, J. *Seminaire IX. L'identification.* París: Piranha, 1981.

LAVANDIER, Y. *La dramaturgia. Los mecanismos del relato: cine, teatro, ópera, radio, televisión, cómic.* Madrid: Ediciones Internacionales Uni-versitarias, 2010.

LEPORE, J. *The secret history of Wonder Woman.* New York: Vintage Books, 2015.

LEPORE, J. «The last amazon: Wonder Woman returns». *The New Yorker*, 22 de septiembre de 2014.

LONG, R. T. «Remembering Corporate Liberalism». *Liberty and Power*, 6 de febrero de 2007.

MARANO, M. «Ra's al Ghul: Father Figure as Terrorist». En *Batman Unauthorized: Vigilantes, Jokers, and Heroes in Gotham City*. (págs 69–84). Dallas: BenBella Books, 2008.

MARÍN, Rafael. *Marvel: Crónica de una época*. Palma de Mallorca: Dolmen, 2016.

MARSTON, W. M. «Why 100,000,000 Americans Read Comics». *The American Scholar*, Winter 1943–1944 Issue, 1944.

McCAUSLAND, Elisa. *Wonder Woman: el feminismo como superpoder*. Madrid: Errata Naturae, 2017a.

McCAUSLAND, Elisa. «El verdadero protagonista de 'Wonder Woman' es un hombre», *El País Tentaciones*, 23/06/2017 (2017b). Disponible en https://elpais.com/elpais/2017/06/23/tentaciones/1498215518_456249.html McGOWAN, T. «The exceptional darkness of *The Dark Knight*». *Jump Cut: A Review of Contemporary Media,* 51, primavera, 2009.

McGOWAN, T. «Should the Dark Knight have risen?» *Jump Cut: A Review of Contemporary Media,* 54, otoño, 2012.

MILLER, Frank. *Sin City: el duro adiós*. Barcelona : Norma, 2016.

MILLER, John J.; THOMPSON, Maggie; et al.: Comics Buyer's Guide. Standard Catalog of Comic Books 4th Edition, Iola (EE UU), KP Books, 2005.

MITTON, S. *The art of Dishonored 2*. Milwaukie: Dark Horse Books, 2016.

MONTES DE OCA, A. *La pesadilla roja. Cine anticomunista norteamericano 1946–1954*. San Sebastián: Festival Internacional de Cine de San Sebastián, 1996.

MORRISON, Grant. *Supergods: héroes, mitos e historias del cómic.* Traducción de Miguel Ros González. Madrid: Turner Publicaciones, 2012.

MOTTRAM, J. «Wonder Woman 'not a feminist hero', says grooundbreaking movie's female director», *South China Morning Post*, 22/05/2017. Disponible en http://www.scmp.com/culture/film–tv/article/2094961/wonder–woman–not–feminist–hero–says–groundbreaking–movies–female

MURRAY, J. H. *Hamlet en la holocubierta: el futuro de la narrativa en el ciberespacio.* Barcelona: Paidós, 1999.

NAVARRETE, Luis. *Críticamente, Dishonored.* 2012. Consultado en http://blogs.elpais.com/aula–de–videojuegos/2012/10/criticamente–dishonored.html el 18 de Junio de 2017.

NYBERG, Amy K. *Seal of Approval. The History of the Comics Code.* Jackson: University of Mississippi, 1998.

PEARSON, R. E. y URICCHIO, W. *The Many Lives of the Batman. Critical Approaches to a Superhero and His Media.* Nueva York: Routledge, 1991.

PEPE, Sarah. «The Source of Our Power»: *Female Heroes and Restorative Collaboration in Contemporary Television.* State University of New York, 2017. Disponible en: https://dspace.sunyconnect.suny.edu/handle/1951/69260

PÉREZ GARZÓN, J. S. *Historia del feminismo.* Madrid: Los Libros de la Catarata, 2011.

PLANELLS, A. J. *Videojuegos y mundos de ficción: de Super Mario a Portal.* Madrid: Cátedra, 2015.

RAE HUNT, A. *Selling empowerment: a critical analysis of Femvertising.* [Senior Communication Honors Thesis, Dr. Michael Serazio]. Boston College, 2017. Disponible en https://dlib.bc.edu/islandora/object/bc–ir:107483/datastream/PDF/view

RAPHAEL, Jordan y SPURGEON, Tom. *Stan Lee and the Rise and Fall of the American Comic Book.* Chicago: Chicago Review Press, 2003

RAMUDO PERNAS, Rodolfo. *Emociones, símbolos, medios de comunicación y diseño de conductas.* Salamanca: Amarú, 2002.

RAND, Ayn. *The Virtue of Selfishness.* Signet: Nueva York, 1964.

RAVIV, Dan. *Comic Wars. Marvel's Battle for Survival.* Sea Cliff: Heroes Books, 2004.

RAY, R. B. *A Certain Tendency of the Hollywood Cinema, 1930–1980.* Nueva Jersey: Princeton University Press, 1985.

REYNOLDS, Richard. Super Heroes. A Modern Mythology. Londres: Batsford, 1992.

REYNOLDS, David. *Superheroes. An Analysis of Popular Culture's Modern Myths.* La Vergne, Autopublicación, 2014.

RODRÍGUEZ DE AUSTRIA GIMÉNEZ DE ARAGÓN, Alfonso M.: «El código de producción de Hollywood (1930–1966): censura, marcos (frames) y hegemonía», *Zer* vol.20 n.º 39, 2015, págs. 177–193.

RODRÍGUEZ DE AUSTRIA GIMÉNEZ DE ARAGÓN, A. M. «Supervillanos muy reales: El uso político del villano en la trilogía de "El caballero oscuro" de Christopher Nolan», Área Abierta Vol. 16, nº 1. Marzo 2016, págs 77–90.

RODRÍGUEZ MORENO, José Joaquín: «Perspectiva histórica de la libertad creativa y el reconocimiento artístico en la industria del *comic book* estadounidense (1935–1986)», *Revista de Estudios Empresariales*, segunda época nº1, 2017, págs. 16–33.

ROVEN, C., SNYDER, D. (productores) y SNYDER, Z. (director). *Batman v Superman: el Amanecer de la Justicia* [Película]. EE.UU: DC Entertainment, 2016.

ROVEN, C., SNYDER, Z., SNYDER, D. (productores) y JENKINS, P. (directora). *Wonder Woman* [Película]. EE.UU.: DC Entertainment, 2017.

RUCKA, G. *Batman / Wonder Woman: Hiketeia.* Traducción de Felip Tobar Pastor. Barcelona: ECC Ediciones, 2016.

RYAN, Michael y KELLNER, Douglas. *Camera Politica. The Politics and Ideology of Contemporary Hollywood Films*. Bloomington: Indiana University Press, 1990.

RYAN, M–L. *Narrative across Media*. Nebraska: Boards of Regents of the University of Nebraska, 2004.

SCOTT, A. O. «Review: 'Wonder Woman' is a blockbuster that lets itself have fun», *The New York Times*, 01/06/2017. Disponible en https://www.nytimes.com/2017/05/31/movies/wonder–woman–review–gal–gadot.html?mcubz=3

SHOOTER, Jim: «Gerber and the Duck – Part 1», en el blog Jim Shooter, subido el 1 de agosto de 2011 y consultado el 2 de agosto de 2011, http://jimshooter.com/2011/08/gerber–and–duck–part–1.html/

SIMONE, Gail: «Women in Refrigerators», en la web *Women in Refrigerators*, publicado en marzo de 1999 y consultado el 19 de julio de 2017, http://lby3.com/wir/

STEINER, George. *Language and Silence. Essays on Language, Literature, and the Inhuman*. Nueva York: Atheneum, 1970.

STONOR SAUNDERS, Frances. *La Cía y la guerra fría cultural*. Madrid: Debate, 2001.

SUELLENTROP, C. *Q&A: «Dishonored 2» Director Harvey Smith: «The World is a Sh*tshow»*. 2016. Consultado en http://www.rollingstone.com/glixel/interviews/dishonored–2–director–harvey–smith–the–world–is–a–shtshow–w452616 el 22 de Mayo de 2017.

TATE, C. «The stereotypical (Wonder) Woman». En R. S. ROSENBERG y J. CANZONERI (coords.), *Psychology of Popular Culture: The Psychology of Superheroes. An Unauthorized Exploration*. USA: Smart Pop, 2008, págs. 147–162.

TOH, Justine. «The Tools and Toys of the) War (on Terror): Consumer Desire, Military Fetish, and Regime Change in *Batman Begins*».

En Birkenstein, J., Froula, A., y Randell, K. (Eds). *Reframing 9/11: Film, Popular Culture and the War on Terror*. Nueva York: Bloomsbury, 2010.

TYREE, J. M. «American Heroes». *Film Quarterly*, 62,3, 2009, págs 28–34.

VALCÁRCEL, Amelia. *Feminismo en el mundo global*. Madrid: Ediciones Cátedra, 2008.

VARGAS, J. J. *Alan Moore: La autopsia del héroe*. Palma de Mallorca: Dolmen, 2010.

VOGLER, Christopher: *El viaje del escritor. Las estructuras míticas para escritores, guionistas, dramaturgos y novelistas*. Teià (Barcelona): Robinbook, 2002.

WOLF, N. *El mito de la belleza*. Barcelona: Emecé, 1991.

WOOD, Robin. *Contemporary Approaches to Film and Media Series: Howard Hawks*. Detroit: Wayne State University Press, 2006.

WRIGHT, Bradford W. *Comic Book Nation: The Transformation of Youth Culture in America*. Baltimore: The Johns Hopkins University Press, 2003.

ZEISLER, A. *We were feminists once*. New York. PublicAffairs, 2016.

ZELEB. «Elena Anaya se desmarca: *"Wonder Woman* no es feminista"*, *Zeleb.es*, 23/06/2017. Disponible en http://www.zeleb.es/tv/elena-anaya-se-desmarca-wonder-woman-no-es-feminista

ŽIŽEK, Slavoj. «Dictadura del proletariado de Gotham City». *El Viejo Topo*, 297, 2012, 50–57. Barcelona.

Autores

Alfonso M. Rodríguez de Austria Giménez de Aragón

Doctor en Comunicación Audiovisual, Licenciado en Filosofía, y Especialista Universitario en Derechos Humanos y Prácticas Ciudadanas. Profesor visitante en la Universidad Centroamericana de Nicaragua. Pertenece al Grupo de Investigación en Comunicación Política, Ideología y Propaganda (IDECO), con sede en la Facultad de Comunicación de la Universidad de Sevilla.

José Joaquín Rodríguez Moreno

Doctor en Historia por la universidad de Cádiz. Es profesor del programa de estudios hispanos Northwest–Cádiz de la University of Washington y el máster oficial en Estudios Hispánicos de la Universidad de Cádiz. Sus investigaciones se centran en la cultura de masas con un enfoque cultural, trabajando principalmente la historieta estadounidense y española. Es autor de *Los cómics de la Segunda Guerra Mundial: El caso de Timely Publications*

(Universidad de Cádiz, 2011), *La explosión Marvel: Historia de Marvel en los años setenta* (Dolmen, 2012) y *King Kirby: Jack Kirby y el mundo del cómic* (Dolmen, 2013). También ha dirigido las revistas de investigación *Revista de Historia Ubi Sunt?* e *Historietas: Revista de estudios sobre la historieta*, y ha sido coordinador del Programa Tebeoteca de la Universidad de Cádiz.

Bianca Sánchez Gutiérrez
Licenciada en Periodismo y Máster en Comunicación Institucional y Política por la Universidad de Sevilla; es miembro del Grupo de Investigación en Estructura, Historia y Contenidos de la Comunicación (GREHCCO) Es especialista en la estructura de la información y la propaganda. Actualmente realiza su tesis doctoral sobre la representación mediática del poder político en los medios de comunicación españoles.

Juan J. Vargas Iglesias
Es licenciado y doctor en Comunicación Audiovisual y profesor de la Universidad de Sevilla, Entre sus publicaciones se encuentran *Alan Moore: La autopsia del héroe* (Dolmen, 2010) y *Los héroes están muertos: heroísmo y villanía en la televisión del nuevo milenio* (Dolmen, 2014). Es miembro fundador del grupo de investigación en Comunicación, Arte y Videojuegos de la Universidad de Sevilla (TIC–237), a través del cual participa en el proyecto de I+D «Intermedialidad, Adaptación y Transmedialidad en el cómic, el videojuego y otros medios». Asimismo, es coordinador de *Lifeplay: Revista Académica Internacional sobre Videojuegos,*

Olmo Pedro Castrillo Cano

Licenciado en Comunicación Audiovisual y Máster en Narrativa, Guion y Creatividad Audiovisual por la Facultad de Comunicación de la Universidad de Sevilla. Actualmente realiza su tesis doctoral sobre narrativa y enunciación específicas en el medio videolúdico.

Delicia Aguado Peláez

Es licenciada en Periodismo y Ciencias Políticas, Máster en Participación Ciudadana y Desarrollo Comunitario y Doctora en Comunicación Audiovisual por la Universidad del País Vasco. Especialista en Estudios Culturales y de Género, estudia la influencia de los movimientos políticos y económicos en la cultura popular y su impacto en la (des)democratización del campo mediático desde el texto y la producción.

www.ingramcontent.com/pod-product-compliance
Lightning Source LLC
Chambersburg PA
CBHW052130270326
41930CB00012B/2821